Mosaik

NEOCLASSIC

MODERNES WOHNEN MIT ANTIQUITÄTEN

EMPIRE · BIEDERMEIER · REGENCY

Text von Melanie Fleischmann
Photographien von Mick Hales

MOSAIK VERLAG

Titel der Originalausgabe: *In the Neoclassic Style*
Aus dem Amerikanischen übertragen von Franka Fritz
und Heinrich Koop
Redaktion der deutschen Ausgabe: Schamma Schahadat
Photos: Mick Hales, mit folgenden Ausnahmen:
National Gallery of Art/Art Resource, S. 10
Kaveler/Art Resource, S. 40
Geremy Butler Photography, S. 41

Ornamente gestaltet von Jack Lindsay
für Bayberry Headprints, Inc.
Objekte und Settings für die Photos
auf S. 55, 63, 64, 65, 66 und 78 von Giles & Lewis

Der Mosaik Verlag ist ein Unternehmen der
Verlagsgruppe Bertelsmann

Satz: Filmsatz Schröter GmbH, München
Printed in Singapore · ISBN 3-570-04466-1

WIDMUNG

Für Jane, die dieses Projekt mit einer Handbewegung aufhalten konnte, und für ihren Vater, der es, soweit möglich, wieder vorantrieb.

INHALT

KAPITEL

VIER

KAPITEL

FÜNF

KAPITEL

SECHS

VORWORT

»Neoclassic«: ein Kunstwort, das auf Klassik ebenso wie auf Klassizismus verweist, das die Vorstellung von ständiger, unerschöpflicher Erneuerung vorbildlich klarer Formen vermittelt. Über mehr als zwei Jahrtausende hinweg haben sich diese Formen entwickelt, klassische Höhen erreicht und immer neue Ausprägungen gefunden, die der Begriff »Klassizismus« zu umfassen versucht. Aber warum der Klassizismus gerade in der heutigen Zeit einen neuen Aufstieg erlebt, ist schwer zu erklären. Viele der heutigen Architekten und Designer wie auch ihre Auftraggeber werden von diesem Stil angezogen. Es ist wie bei einer Quelle, aus der man immer und immer wieder schöpfen kann, ohne daß sie versiegt. Der Klassizismus schenkt Inspirationen wie keine andere Stilrichtung.

»Neoclassic«: ein Ausdruck, der einen höchst modernen und dennoch traditionsbewußten Stil umreißt, der für viele einen idealen Kompromiß darstellt. Es scheint der Fall zu sein, daß sie in dieser schwerelosen Zeit einen verwurzelten und gleichzeitig lockeren Stil suchen und im Formenschatz des Klassizismus genau das finden, wonach sie gesucht haben. In dieser Form ist die Tradition immer erkennbar, und dabei wirken Bauwerke, Möbel und Einrichtungsgegenstände doch lebendig und frisch.

In unserem Jahrhundert der gewaltigen Umwälzungen und des schnellen sozialen und wirtschaftlichen Wandels sind die Traditionen der Vergangenheit ein Festpunkt, an dem man sich orientieren kann. Aber auf dem Gebiet des Designs und der Architektur hatte die Moderne die Tradition mehr oder weniger abgeschafft. Die Modernisten der ersten Hälfte des 20. Jahrhunderts, inspiriert durch den technologischen und industriellen Fortschritt und den sich daraus ergebenden Möglichkeiten für das Design, wollten dem Geist der neuen Zeit treu bleiben und ganz von vorn anfangen (obwohl viele von ihnen der klassischen Vergangenheit stärker verpflichtet waren, als man hätte annehmen können). Aber die Ergebnisse des Neubeginns boten nur einen schwachen Trost. Die Menschen suchten nach Wurzeln, die der Moderne zu fehlen schienen. Daher griffen die Architekten und Designer ab Mitte der sechziger Jahre auf den Klassizismus zurück. Einige von ihnen (in Europa wie auch in den Vereinigten Staaten) waren der Meinung, daß der Klassizismus eine allgemein anerkannte Tradition sei und so die Lücke ausfüllen könne, die die Moderne geschaffen hatte.

Das führte dazu, daß nicht nur klassische Proportionen (die humaner scheinen als die formlosen Abstraktionen der modernen Architektur und des Design), sondern auch klassische Details sich wieder einmal einer besonderen Popularität erfreuen. Mit dem erneuten Interesse an allen Formen des Klassizismus und dem breiten Angebot an Monographien über die Werke schöpferischer Größen des klassizistischen Pantheons wie Palladio, Boulle, Ledoux, Schinkel und den Architekten der »Ecole des Beaux-Arts« (nicht zu vergessen jene Bücher über die großen Bauwerke der griechischen und römischen Antike) kam es auch zu einem Wiederaufleben der Handwerkskünste, die zur Anfertigung klassischer und klassizistischer Designs nötig sind. Der auf das Grundlegende beschränkte Klassizismus der achtziger Jahre, hier »Neoclassic« genannt, beweist, daß es möglich ist, die unverfälschten geometrischen Formen der Moderne mit Elementen zu verbinden, deren historische Herkunft klar erkennbar ist.

Die unmittelbare Anziehungskraft der »Neoclassic« als

neuer Klassik liegt in dem Vergnügen, das wir beim Anblick ihrer ausgewogenen Proportionen und ihres logischen Aufbaus empfinden – beides Kennzeichen eines klassischen Stils. Selbst wenn der Klassizismus verzerrt oder karikiert wird, wie es in der »Neoclassic« manchmal der Fall ist, wirken seine Formen nicht abstoßend; und einem eher satirischen Geist bereitet es Vergnügen, sich über einen grandiosen, um nicht zu sagen protzigen Stil zu amüsieren. Es ist sicher das optische Vergnügen, durch das die klassischen Entwürfe ihre immer wieder neue Anziehungskraft erhalten – sowohl die in jüngster Zeit entworfenen Exemplare der »Neoclassic« als auch die früheren Stücke (wie z. B. Möbel aus dem Empire und dem Biedermeier), die heute besonders begehrt sind.

Der Klassizismus besitzt unbestreitbar eine kraftvolle Ausstrahlung. Auch paßt sie besonders gut in unsere politisch und sozial konservative Zeit. Verrückte Bumerangs oder leblose Inneneinrichtungen in Orange und Chartreuse haben in den späten Achtziger nichts verloren, meint die Mehrzahl der Architekten der »Neoclassic«. Es gibt einige bemerkenswerte Ausnahmen: Memphis Milano und Atelier Alchimia in Mailand, das amüsante Revival der fünfziger Jahre in einigen der neuesten Arbeiten von Alan Buchsbaum, die frechen und farbenfrohen Entwürfe von Arquitectonica oder die raffinierten Bauten, Interieurs und Möbel von Christopher Alexander und seinen Mitstreitern. Doch meist zieht man etwas Klassisches mit einem zeitlosen Äußeren vor, das unbestreitbar würdig und überlegen ist. Zusätzlich zum politischen Konservatismus unserer Zeit haben wir mit der »Neoclassic« vielleicht auch einen »neuen« Konservatismus in Architektur und Design erreicht. Vielleicht hat sich das Vertrauen in eine selbstbewußte, befreiende Moderne oder zumindest die Begeisterung, die populäre Stilrichtungen wie Art Deco oder die fünfziger Jahre durchdrang, in den Wunsch gewandelt, eine Vergangenheit neu zu erschaffen, die uns als edlere, bessere Zeit erscheint.

Zwar hat die Wirtschaftslage der späten achtziger Jahre dazu beigetragen, ein geeignetes Klima für eine vereinfachte »Neoclassic« zu schaffen, doch wächst unabhängig davon die Bewunderung für die Originale, auf denen diese »Neoclassic« basiert. Überall kämpfen die Konservatoren hart, um zahllose noch existierende Beispiele klassizistischer und neoklassizistischer Architektur vor der Abbruchbirne zu retten; egal, ob es sich um heitere, von der griechischen Klassik inspirierte Gebäude handelt oder um eher überladene »Beaux-Arts«-Bauten. Und wie bereits bemerkt, herrscht ein lebhaftes Interesse an Antiquitäten aus dem Empire und dem Biedermeier. Biedermeiermöbel sind für den heutigen Geschmack besonders geeignet; sie sind zugleich monumental und launig verspielt, traditionell und doch schlicht genug, um mit modernen Designs kombiniert werden zu können. Auch wenn wir aller Wahrscheinlichkeit nach niemals in der Lage sein werden, die Leistungen der Tradition zu kopieren, aus denen die »Neoclassic« entspringt (außer in relativ kleinem Maßstab, wie zum Beispiel in den sorgfältig ausgeführten Wandgemälden im pompejanischen Stil, die man heute in vielen Stadtwohnungen und Restaurants sehen kann), können wir die erhaltenen Stücke bewundern und bewahren, und nicht nur in ihnen, sondern auch in unseren eigenen originellen Neuschöpfungen immer wieder Neues entdecken.

Richard Horn

EINFÜHRUNG

Der Architekt Philip Johnson hat einmal gesagt, daß es in der heutigen Kunst nur noch eine absolute Regel gibt: die Unvermeidlichkeit des Wechsels. Er sollte es wissen. Die Tatsache, daß er nicht nur das Wahrzeichen der Moderne geschaffen hat – das im Jahre 1949 entstandene »Glass House« – sondern auch dessen Antithese, das 1984 entstandene, mit Arkaden und Ziergiebeln versehene A. T. & T. Building, ist der Beweis seiner Behauptung.

Während die wechselnden Ansichten in der Architektur das Äußere unserer Gebäude beeinflussen, verändert die vielgestaltige Welt des Designs und der Dekoration unsere Inneneinrichtungen. Auch im Moment vollzieht sich wieder einmal ein Wechsel, der mehr und mehr zu einem Extrakt all dieser Stilrichtungen und Formen wird, zu einer Rückkehr zu den Ursprüngen – hin zu einem Wiederaufleben der Klassik.

Seit dem 4. Jahrhundert v. Chr. erlebten klassische Formen – kannelierte Säulen und *Klismos*-Stühle, die antiken Symbole der Lyra und der Akanthusblätter, die gefälligen Linien von Ziergiebeln und Amphoren – von Zeit zu Zeit immer wieder eine Renaissance. In jedem Buch über Kunstgeschichte werden Sie dem Klassizismus häufiger als anderen Stilrichtungen begegnen, da sie in verschiedenen künstlerischen Perioden und in unterschiedlichen Aufmachungen immer wieder auftaucht. Nach den ersten Ausprägungen im Griechenland der Antike bestimmten klassische Formen den Stil des antiken Roms ebenso wie den der Renaissance und der Barockzeit. Sie tauchten im englischen Neo-Palladianismus des 18. Jahrhunderts wieder auf, während des 19. Jahrhunderts im Empire des napoleonischen Frankreich, im englischen Regency, im deutschen Biedermeier und in Amerika als griechisches und koloniales Erbe. Der heutige »Wechsel« stellt also eine schon traditionelle Rückkehr zum Klassizismus dar: zu einer Stilrichtung, auf die man schon oft als Gegenmittel für zu extreme Stile zurückgegriffen hat – sozusagen als eine Art Reinigung.

Wenn es eine Renaissance der Klassik gibt, der der heutige Neoklassizismus besonders viel verdankt, dann ist es der Stil des Empire. Trotz all seiner Pracht ist dieser Stil Napoleons überraschend modern, weil seine Grundformen auf ein nahezu bauhausähnliches Maß beschränkt sind. Ihre Anfänge hatte diese Stilrichtung im letzten Viertel des 18. Jahrhunderts, als in einer Reaktion auf die kunstvolle Ornamentik des Rokoko die Klassik wieder neu erschlossen wurde. Als sich Napoleon im Jahre 1804 selbst zum französischen Kaiser ernannte, war

Links Napoleon in seinem Arbeitszimmer, 1810–11 von Jacques-Louis David. National Gallery of Art, Washington. Das Gemälde zeigt den französischen Kaiser vor einigen prachtvollen Empire-Möbeln. Die Vergoldungen und die massiven Löwenkopfbeschläge der Tischbeine verdeutlichen die große Kunstfertigkeit des Stils, für den der Kaiser Pate stand.

der Klassizismus bereits in Mode. Aber er war schüchtern und zurückhaltend, verglichen mit dem, was in den Händen des neuen Kaisers aus ihm wurde.

Das Empire wurde zu einem der langlebigsten Ableger der Klassik und war in der Ausbreitung seines Einflusses in ganz Westeuropa, Rußland und Amerika erfolgreicher als der Kaiser selbst. Diese Stilrichtung erlebte ihre Kindertage in den letzten Jahren der Republik und ihr Greisenalter in der Regierungszeit von Charles X. und Louis Philippe ein knappes halbes Jahrhundert später. In der Zwischenzeit schossen überall in der westlichen Welt die Nachahmer wie Pilze aus dem Boden. Da ein Stil nur ein Teil einer künstlerischen Gesamtmenge ist und keine klar umrissenen Anfänge und Endpunkte kennt, variiert die Terminologie. Im allgemeinen bezeichnete man die Stilrichtung, die in Paris ihren Anfang nahm, in England als Regency, in den Vereinigten Staaten als Federal-Stil, und in großen Teilen Europas als Empire. Deutschland und Österreich besaßen ihren eigenen schmuckloseren Empire-Stil für jedermann, Biedermeier genannt.

Die neue Rückkehr zum Klassizismus hat natürlich ihren eigenen zeitgenössischen Ausdruck. Wieder einmal deckt sich das Bedürfnis nach einem Wechsel mit dem Verlangen nach Purismus. Durch die zahllosen Neuauflagen des Klassischen, die der unseren vorausgingen, besitzen die heutigen Designer viele Quellen, aus denen sie sich ihre Ideen zusammensuchen können. So entsteht ein Neoklassizismus mit einem eigenständigen Charakter – klassische Linien, die sich mit luxuriösen Stoffen der Empire-Zeit und Fresken im pompejanischen Stil ebenso gut mischen wie mit modernen Heiligtümern wie der Tizio-Lampe.

Der Neoklassizismus ist nie auf eine reine Modeerscheinung hinausgelaufen, und er soll auch nicht als eine Mode dargestellt werden. Dieses Buch ist nicht als eine wissenschaftliche Abhandlung zu verstehen, da die Rückkehr zum Klassizismus in der Kunst, der Architektur und im Design bereits erschöpfend besprochen wurde. Es ist eher gedacht als kurze, hoffentlich informative und unterhaltende Untersuchung über die Anziehungskraft der klassischen Formentradition, ihrer Kraft und Symmetrie, die sich in den verschiedenen klassizistischen Stilen stets etwas anders darstellt – wobei der Empire-Stil und seine Abwandlungen im Mittelpunkt stehen. Da die Klassik eben ein »klassisches« Thema ist, lohnt es sich herauszufinden, wie die Welt der Innenarchitekten und des Designs in unseren Tagen damit umgeht.

KAPITEL

EINS

DES KAISERS NEUER STIL

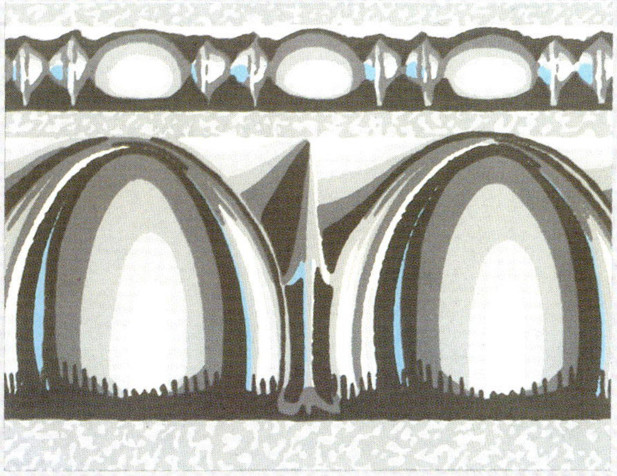

DES KAISERS neuer Stil. Als Napoleon sich im Jahre 1804 selbst zum Kaiser von Frankreich ernannte, machte er sich zum Herrscher einer Nation, deren dekorative Künste in nachrevolutionären Wirren hin und her geworfen wurden. Frankreich hatte sich selbst in knapp fünfzehn Jahren von der Monarchie über die Demokratie zu einem Kaiserreich entwickelt, und die oberen Klassen waren – selbst wenn sie noch ihren Kopf besaßen – kaum in einer Position, in der sie Kunsthandwerker mit der Einrichtung großartiger Häuser beauftragen konnten. Und andere Mäzene waren nicht in Sicht.

Aber die Künstler und Handwerker, die zur Zeit der Bourbonen die prachtvolle Ornamentik geschaffen hatten, waren nicht verschwunden – es fehlte nur jemand, der ihre Talente zu nutzen wußte. Dieser Jemand war natürlich der Kaiser höchstpersönlich, und er förderte einen Stil, der den Ruhm seines Imperiums symbolisierte.

Diese Aufgabe wurde zur Genüge erfüllt. Der Stil, der nach den Geboten des Kaisers entstand, hat wahrscheinlich einen größeren Einfluß entwickelt, als seine Schöpfer es am Anfang des 10. Jahrhunderts je für möglich gehalten hätten. Obwohl die Anfänge des Empire bis in die Möbelentwürfe des Directoire zurückreichen, bildet die Kaiserzeit den Höhepunkt dieses Stils.

Napoleon rottete nicht nur die politischen Überreste der Republik aus. Sein Ziel bestand darin, auch die Symbole dieser Zeit vergessen zu machen und eine neue Ära einzuläuten. Die dekorativen Motive der Republik verschwanden: die Eiche, die Speerspitzen, die Trikolore, die Jakobinermütze, die Waage und die drei verschlungenen Hände von Freiheit, Gleichheit und Brüderlichkeit. Es kamen die Motive des antiken Griechenland auf – die Lyra, der Stern und die Raute – und Motive aus der römischen, ägyptischen, pompejanischen und etruskischen Kunst – Sphingen, Palmetten, Chimären, Karyatiden und geflügelte Löwen-, Delphin- und Schwanenköpfe. Verschwunden war auch die Zartheit der Möbel aus den letzten Jahren der Bourbonen-Monarchie. Sie wurde verdrängt von Arbeiten, die schlichter und geradliniger waren, gleichzeitig aber wunderbar pompös. Obwohl das Empire bei allen antiken Zivilisationen Anleihen machte, tendierte es doch am meisten zum klassischen Rom. Schließlich schickte sich der Stil Caesars für einen Kaiser weit eher als der Stil der demokratischen Griechen.

Rechts Die aus Tigerholz gefertigte Sitzgarnitur dieses im neoklassizistischen Stil eingerichteten Zimmers weist die für das Empire und verwandte Stilrichtungen typischen Intarsienarbeiten auf. Während die säulenförmige Alabasterlampe aus den zwanziger Jahren unseres Jahrhunderts stammt, läßt der über der Couch hängende Druck einer Pyramide aus den zwanziger Jahren des 19. Jahrhunderts die klassischen Einflüsse ahnen, die das Empire und die nachfolgenden Stilrichtungen beherrschten.

Links Die Opulenz der vergoldeten Löwensphingen, die diesen Biedermeiertisch tragen, zeugt von dem großen Einfluß Napoleons auf die Ornamentik des 19. Jahrhunderts. Die mythologische Metaphorik der Löwensphingen, Sphingen, Chimären, Delphine und Schwäne stammt dagegen aus den Kulturen der Antike – im besonderen Maße aus Ägypten und Rom.

Links Dieses lackierte Bücherregal in einem New Yorker Appartement ist mit seiner kannelierten Säule ein Beispiel für die moderne Umsetzung eines klassischen Elements. Säulen waren ein wichtiges dekoratives Element des Empire und stammen natürlich aus dem antiken Griechenland und aus Rom.

Rechts Der Arbeitsplatz des Designers Michael Kreiger wird durch den von Säulen getragenen Tisch beherrscht. Durch die klassischen Säulen, die hier – ganz im Stil des Empire – als Tischbeine dienen, entsteht der Eindruck eines Miniatur-Parthenons. Die Tischplatte wurde aus lackiertem Holz gefertigt, und der hintere Stuhl stammt aus dem Empire.

ALT UND NEU

Die Künstler, von denen der Empire-Stil geschaffen wurde, sind Charles Percier und Pierre-François-Leonard Fontaine. Beide waren Architekten und in einem hohen Grad Bewunderer der Antike. Im Vorwort zu ihrem Buch *Recueil de décorations intérieurs* (1801–1812) schreiben Percier und Fontaine: »Es ist ein Irrtum anzunehmen, daß es Formen gibt, die denjenigen aus der Antike vorzuziehen sind.« Als Napoleon sie damit beauftragte, Josephines Palast Malmaison neu einzurichten, wandten sie sich daher der Antike als Inspirationsquelle zu.

Percier und Fontaine waren keine Kopisten. Obwohl während der gesamten zweiten Hälfte des 18. Jahrhunderts in Herculaneum und Pompeji Ausgrabungen stattfanden, war es nahezu unmöglich, Zugang zu den Ausgrabungsstätten zu erhalten. Zwar konnte man einen Großteil des ausgegrabenen Materials in Rom zu Studienzwecken besichtigen, aber an Möbeln fanden sich kaum antike Beispiele. Daher nahmen sich Percier und Fontaine von der Klassik, was ihnen gefiel, kreuzten es mit zeitgenössischen Formen und entwickelten so einen originellen, neuen Stil.

Ihre andere Inspirationsquelle war das alte Ägypten. Auch wenn Napoleons Zug nach Ägypten (1798–1799) militärisch kein voller Erfolg war, so hatte er kulturell einen enormen Einfluß. Der Archäologe, Architekt und Künstler Baron Dominique Vivant de Denon begleitete den Feldzug und veröffentlichte im Jahre 1802 das zweibändige Werk *Voyages dans la basse et la haute Égypte.* Anhand dieses großartigen Buches mit seinen 141 Abbildungen ließen sich Lotus, Lilien und Papyrusblüten, Dattelpalmen und Schilfrohr nachbilden; es zeigte die Sphinx und Lotuskapitelle, und Stuhl- und Tischstützen in der Form eines Löwenkopfs wurden ebenfalls Teil einer dekorativen Palette.

Viele dieser ägyptischen Motive überschnitten sich mit Motiven aus dem antiken Rom und Griechenland. Das war nur logisch, da die Griechen große Anleihen bei den Ägyptern gemacht hatten, und die Römer wiederum sich von den Griechen nahmen, was ihnen gefiel. Aber jede dieser Zivilisationen hatte dem Gestohlenen seinen eigenen Stempel aufgedrückt, und die Franzosen bildeten da keine Ausnahme. Die Einrichtung des Empire basierte auf der römischen Erhabenheit, übernahm dekorative Ideen aus der gesamten antiken Welt und verwendete sowohl klassische als auch zeitgenössische Formen.

Links Die obere Ebene desselben von John Saladino entworfenen Treppenhauses erinnert mit seinen Säulen, den antiken Gefäßen und dem mit Grünspan überzogenen Treppengeländer an eine wundervoll restaurierte Ruine in Pompeji.

Rechts Diese Wohnung ist eine faszinierende Mischung aus klassischen Elementen des antiken Rom und klassizistischen Stilelementen des Empire. Links sieht man die imposante Form einer klassischen Säule, und rechts kann man einen Blick auf die Zartheit und Raffinesse eines neoklassizistischen Interieurs werfen.

Links Genau wie die beiden Architekten Percier und Fontaine, die im Auftrag Napoleons den Empire-Stil kreierten, greifen auch heutige Designer auf klassische Elemente zurück, die sie durch die Kombination mit zeitgenössischen Formen zu neuen, originellen Entwürfen verarbeiten. John Saladino übernahm die Form und Struktur einer Säule und schuf so in dieser Wohnung ein architektonisches Monument.

Percier und Fontaine hatten ihren Stil anhand klassischer Vorlagen entwickelt, aber das Ergebnis war etwas völlig Neues, und aus diesem Grunde war er sehr erfolgreich. In der Hinsicht hat sich überraschend wenig verändert. Der heutige Neoklassizismus wäre nur von relativ wenigen bemerkt worden, hätte er nicht die Aufmerksamkeit der Designer erregt. Ihnen ist es zu verdanken, daß man heute einen Kunstgegenstand in einen zeitgenössischen Rahmen einpassen kann.

Die heutige Vorliebe für das Empire hängt auch damit zusammen, daß er die verschiedensten Geschmäcker anspricht. Kaum ein anderer Stil ist so gefällig.

Für ein einziges Möbelstück wurden häufig bemerkenswert viele Handwerker eingesetzt. Da die Gilden bis zu ihrer Abschaffung im Jahre 1791 jede Werkstatt auf ein Fachgebiet begrenzt hatten, waren die Handwerker wahre Meister in ihrem Gebiet. Nach dem Ende der Gilden war es für eine Werkstatt nicht schwierig, ein kunstvolles Möbelstück herzustellen, das auf verschiedenen Gebieten hohes fachmänni-

Links Die handwerkliche Kunstfertigkeit des Empire und seiner verwandten Stilrichtungen zeigt sich besonders in der Verwendung exotischer Furnierhölzer und in den wunderschönen Intarsien. Das Muster auf der Tür dieses Klapptischs stellt eine stilisierte Lotusblüte dar, die, von Palmwedeln umgeben, in einer Vase steht.

sches Können verlangte. Die Gebrüder Jacob z. B. beschäftigten im Jahre 1803 Handwerker aus fünfzehn verschiedenen Berufssparten der Möbelproduktion. Dazu gehörten unter anderem Maler, Schnitzer, Vergolder, Tischler und Drechsler, Metallvergolder und Bronzegießer.

Für jedes Handwerk existierten zahllose unterschiedliche Motive. Säulen zum Beispiel waren ein Kennzeichen des Klassizismus, und die Möbeltischler des Empire verwendeten sie in vielen ihrer Entwürfe. Auf ihnen ruhten Tische, sie trugen Spiegel und flankierten Kommoden und ähnliche Kastenmöbel. Wenn Säulen sich für ein Möbelstück nicht besonders gut eigneten, konnte man immer noch Pilaster nehmen. Und was Säulen und Pilaster nicht tragen konnten, stützten Karyatiden, Sphingen oder geschnitzte Tierfiguren – unverziert oder vergoldet.

Außerdem konnten die Möbeltischler des Empire aus einer Unmenge von Materialien wählen. Schon die Römer hatten eine Vorliebe für exotische Hölzer und Holzfurniere, und die Franzosen waren darin nicht anders. Neben Mahagoni verwendeten sie unter anderem Zitronenholz, Ulme, Esche, Walnuß- und Ebenholz. Sie fertigten Intarsien aus kontrastierenden Holzarten an, aber auch aus Silber, Zinn und Perlmutt, und ihr Können im Umgang mit dekorativen Beschlägen, besonders aus Goldbronze, wurde bis heute kaum je erreicht. Je seltener ein Material war, desto wahrscheinlicher war es, daß es auf irgendeine Weise in ein Interieur integriert werden würde. Stahl ist ein typisches Beispiel dafür. Aus diesem damals noch seltenen Material, das man hauptsächlich zur Herstellung von Waffen verwendete, entstanden einige der schönsten Möbelstücke dieser Epoche. Sie waren ähnlich verziert wie Möbel aus Holz: mit anderen Metallen intarsiert, mit Goldbronze verziert und gekrönt von einem Oberteil aus Marmor. Je nach Härtegrad konnte der Stahl eine Patina in unterschiedlichen Farben erhalten – Violett, Grün, Blau, Rot und Schwarz. Wegen seiner ihm eigenen Stabilität ließen sich aus Stahl Möbel von großer Anmut fertigen, bei denen der klassische Einfluß aber immer noch deutlich sichtbar blieb. Obwohl wir klassische Stücke häufig mit hartem Stein verbinden und klassizistische Möbel mit warmen Hölzern, wurden für beide Stilrichtungen auch Metalle sehr kunstvoll eingesetzt, wann immer man sie bekommen konnte.

Heute gibt es viele Mißverständnisse in Bezug auf klassizistische Möbel. Viele Leute halten den Empire für einen schwierigen Stil, der nur in einem perfekt gestylten Interieur

Oben Bei dieser modernen Wohnungseinrichtung, die von dem Architekten Michael Graves entworfen wurde, spiegelt sich der Geist der Klassik in den säulenähnlichen Holzunterbauten der *Torchères* und in der Kannelierung des offenen Kamins wieder. Der Stuhl, dessen Rücken mit einem Lyramotiv verziert ist, stammt aus dem Empire.

gut zur Geltung kommt. Andere halten ihn zwar für elegant, meinen aber, daß er ungefähr so gut in eine zeitgemäße Umgebung paßt wie weiße Spitzenhandschuhe zu einem Grillabend. Nicht zuletzt stuft man ihn als unerschwinglich ein. Doch keine dieser Annahmen ist zutreffend.

In Wirklichkeit verkörpert der Klassizismus gleichzeitig zwei völlig gegensätzliche Ansätze. Seine Grundformen sind zurückhaltend und streng, getreu den klassischen Wurzeln. Nehmen Sie einem Empire-Sessel seine vergoldeten Applikationen, so erhalten Sie ein Möbelstück, das verblüffend zart und zugleich auch verblüffend modern ist. Doch eben diese Applikationen verweisen auf die opulente Seite des Klassizismus; die vergoldeten Delphine und Löwenköpfe und die geschnitzten Klauenfüße verwandeln eine schlichte Form in eine pompöse Dekoration.

Alles in allem sind Empire, Biedermeier, Regency und ihre modernen Interpretationen sehr anpassungsfähig. Sie passen in ein Landhaus, wo sie zwischen Strohmatten und kühlen weißen Schonbezügen aus Leinen wunderbar zur Wirkung kommen, und ebenso in die strenge Schlichtheit von Breuer oder die fröhlichen Exzesse von Buatta.

Bliebe noch der Kostenfaktor. Zwar tragen einige der französischen Empire-Originale astronomische Preisschildchen, andere jedoch nicht; außerdem sind zahllose Ableger des Empire-Stils zu durchaus bodenständigen Preisen zu haben. Zweitens haben sich die Möbeldesigner und -hersteller der Nachfrage angepaßt. Viele interessante Möbelkollektionen sind entweder Reproduktionen oder Abfallprodukte des Empire-Stils oder der mit dem Empire verwandten Stilrichtungen. Dies bringt uns das Empire in all seinen Variationen in erreichbare Nähe, sei es handgearbeitet und aus vergoldetem Holz oder als Nachformung in Glas und Stahl.

Rechts Dieses von Bob Patino und Vincente Wolf entworfene Haus kombiniert die modernen Baustoffe Glas und Stahl mit den eleganten Holzsäulen des 19. Jahrhunderts zu einem kultivierten und maßvollen Stil in der Tradition des Klassizismus.

Links Dieses Zimmer, das von Patino und Wolf entworfen wurde, ist von den Kamelen auf der Tischdecke bis hin zum Service mit seinem architektonischen Dekor ein bezauberndes Beispiel für den heutigen Neoklassizismus. Die klassisch kannelierte Glasvase und die Büste auf dem von Säulenbeinen getragenen Eichentisch, der dem Regency nachempfunden wurde, verleihen dem Raum eine besondere Note.

KAPITEL
ZWEI

EIN PORTFOLIO
KAISERLICHER STILE

BIEDERMEIER

Am Ende der Regierungszeit Napoleons hatte der größte Teil Europas wie auch Rußland den Empire-Stil übernommen. Die Unterschiede von Land zu Land waren gering. In Wien aber lag schon seit Beginn des 19. Jahrhunderts etwas anderes in der Luft. Als der Wiener Kongreß im Jahre 1814 die Stadt mit Diplomaten und Prinzen füllte, die über das Schicksal des nachnapoleonischen Europa beraten sollten, gefiel dieser Wiener Stil den Kongreßteilnehmern ausnehmend gut.

Man kann den Wiener Kongreß als Endpunkt des Empire sehen und als Beginn einer anderen Epoche, dem Biedermeier. Der Begriff – *bieder* und *Meier* – wurde geprägt, um damit die aufsteigende bürgerliche Mittelklasse zu verspotten und anzudeuten, daß deren komfortabler Lebensstil – ihre Gesellschaftsspiele und ihr Klatsch – keinen Platz für Kreativität oder Phantasie mehr ließ.

Unabhängig davon, ob der Spitzname diese gesellschaftliche Schicht treffend beschreibt oder nicht, auf dem Gebiet des Kunsthandwerks ist er in jedem Falle ungenau. Der Begriff schließt heute alle österreichischen, deutschen und sogar einige skandinavische Möbel ein, die zwischen 1810 und 1860 entstanden sind. Außerdem dient er als Oberbegriff für ein einfaches und funktionelles Mobiliar der Mittelschicht. Aber einige dieser Möbel waren kaum für mittlere Einkommen geeignet, besonders die frühen, sehr kunstvollen Stücke, und nur sehr wenige dieser Möbel können als »bieder« bezeichnet werden.

Im allgemeinen erkennt man Biedermeiermöbel an ihren großzügigen Flächen mit wunderschönem hellen Holzfurnier und an ihren kontrastierenden dunklen Intarsien aus Ebenholz oder Ebenholzimitat. Die Form ist in den meisten Fällen als Empire zu erkennen.

Die Applikationen aus Goldbronze fehlen zum größten Teil, was mehr mit der Abneigung gegen alle napoleonischen Einflüsse zu tun hat als mit einer mangelnden Kunstfertigkeit der Wiener Handwerker. Der Markt für diese Art der Verzierung und für alles Pompöse wurde immer kleiner.

Aber bevor die Nachfrage völlig nachließ, entstanden einige wunderschöne Übergangsstücke, eine Mischung aus Empireformen und glatten Oberflächen, vergoldeten Schnitzereien, Bronzeapplikationen und üppigen Rokoko-Rundungen. Ein Beispiel dafür ist ein Schreibschrank in Form einer Lyra, der um 1810 in Wien gefertigt wurde. Die Front besteht aus glattem Mahagonifurnier mit Bronzebeschlägen, wie sie für

Ganz links Die Wiener Kunsttischler versahen die hellen Furnierhölzer ihrer Biedermeiermöbel lieber mit Intarsien aus Ebenholz und unterschieden sich dadurch von ihren französischen Kollegen, die die teurere und überladenere Goldbronze vorzogen. Diese Sessel zeigen den angenehmen Kontrast von Hell und Dunkel, der zum Markenzeichen des Biedermeier wurde.

Links Bei diesem Sofa mit seiner schön geschwungenen, hohen Rückenlehne und dem österreichischen Sekretär, der mit Walnußholz furniert und mit Intarsien aus Ebenholz versehen wurde – beide gehören zur Einrichtung einer Bibliothek – handelt es sich um auserlesene Beispiele biedermeierlicher Handwerkskunst.

das Empire typisch waren. Die Schreibtischklappe liegt an der breitesten Stelle und wird flankiert von vergoldeten, geflügelten weiblichen Skulpturen. Unterhalb der Klappe befinden sich drei Schubladen; dort verjüngt sich der Schrank zu einer unglaublich engen Taille. Danach strebt er wieder in die Breite und endet in einem Schwung vergoldeter Akanthusblätter, geschnitzter Klauenfüße und einem mächtigen Piedestal.

Da der Geschmack des Biedermeier keine prächtige Ornamentierung wünschte, suchten die Kunsttischler Ausgleich in einer außergewöhnlichen und häufig unpraktischen Formgebung. Die Profilansicht einer nur wenige Jahre später entstandenen Kommode zeigt eine S-förmige Wölbung, die im oberen Teil deutlich hervortritt, in der Mitte zurückgeht und am unteren Ende wieder nach außen strebt, so daß die Kommode in einem netten kleinen Entenschwanz zu enden scheint. Bis auf die dezenten Konturschnitzereien an den Enden der Voluten und die Schlüssellöcher aus Goldbronze besteht das Möbelstück aus glattem, schmucklosem Mahagonifurnier. Dennoch kann man es kaum als langweilig bezeichnen.

Typisch für den Biedermeierstil waren massive Schreibschränke mit komplexen Aufbauten und Sofas mit hohen Rückenlehnen und kunstvoll geschwungenen Armlehnen.

Meist wurden Hölzer wie Kirschbaum, Esche, Birke, Birne und Walnuß verwendet. Obwohl in den meisten Fällen die Maserung des Furniers die einzige Verzierung bildete, konnte man auch Stützpfeiler in Form von Delphinen, Schwänen oder Greifen und viele dekorative Motive des Empire finden. Aber ihr Bild hatte sich geändert. Sie wurden intarsiert, aufgemalt oder – seltener – mittels Schablonen auf das Furnier aufgetragen sowie in Holz oder Gips gearbeitet. Nach wie vor vergoldete man Schnitzereien, aber häufig sah man Schnitzarbeiten, deren Holz wegen seiner attraktiven Maserung gewählt worden war. Und da man entschlossen zu sein schien, die kriegerische napoleonische Ära zu vergessen, tauchten immer häufiger naturalistische Motive wie Schmetterlinge, Blumen und sogar Herzen auf.

Der typische biedermeierliche Hausherr beauftragte keinen Architekten mit dem Bau seines Hauses oder dem Entwurf seiner Möbel. Außerdem mußte das Mobiliar nicht länger streng an der Wand stehen – man konnte es überall aufstellen und auch verschieben. Dadurch ließen sich die Möbel nicht mehr als Teil der Architektur verwenden.

Mit dem Aufkommen von Maschinen in den dreißiger Jahren des 19. Jahrhunderts konnten dünne Holzstreifen gebogen und zu einer Rundung verleimt werden, die man dann furnierte. Dadurch kamen mehr und mehr geschwungene und gebogene Möbelformen auf. Michael Thonet gründete auf diesem Verfahren seine Fabrik, und obwohl seine Stühle Massenanfertigungen waren, behielten sie doch zunächst die furnierten glatten Oberflächen und die Grundformen des Biedermeier bei. Doch ging das Möbeldesign in den deutschsprachigen Ländern, wie auch anderswo, allmählich in die viktorianische Ära über. An allen Fronten schwand die Zurückhaltung dem deutlichen Drang, alles zu verzieren, was sich nur verzieren ließ, und jede freie Fläche vollzustellen.

Oben Genau wie ihre Kollegen in Frankreich verwendeten die Handwerker des Biedermeier klassische mythologische Motive wie Sphingen, Chimären und Löwen. Dieser Tisch wurde sehr maßvoll mit Schwänen verziert und entspricht daher nicht ganz dem typischen Empire-Stils.

Rechts Diese modernen, von Michael Graves entworfenen Möbel wurden, wie der Biedermeierstil, sowohl von der Klassik als auch vom Klassizismus beeinflußt. Die Stühle beruhen auf klassischen Formen, während das Furnier aus Vogelaugenahorn und die schwarzgebeizten Holzintarsien deutlich als Elemente einer modernen Interpretation des Biedermeiers zu erkennen sind.

ENGLAND

und der Regency. Politisch gesehen versteht man unter Regency die Periode von 1811 bis 1820, als der Prince of Wales für seinen kränkelnden Vater George III. regierte. Als Stilrichtung umspannt der Regency die Zeit von 1795 bis 1820, und obwohl England und Frankreich in dieser Zeit fast ständig miteinander im Krieg lagen, kam der Stil beinahe ausschließlich aus Frankreich nach England.

Die Engländer hatten im späten 18. Jahrhundert mit dem Klassizismus geliebäugelt, aber er war nur der Vorbote einer folgenden Stilrichtung. Als das Empire nach England übergriff, herrschte sowohl in den Interieurs als auch in der Architektur der klassische Stil der Gebrüder Adam vor. Aber man fand auch noch Spuren des Barock und des Rokoko, und besonders die Interieurs waren verspielt und verschnörkelt. Außerdem herrschte ein großes Interesse an allem Chinesischen – vor allem angeregt durch den chinesischen Salon des Prince of Wales, den der Architekt Henry Holland Ende des 18. Jahrhunderts für Carlton House entworfen hatte.

Henry Holland war auch einer der ersten Förderer französischen Designs in England. Holland machte Anleihen beim Directoire und erwarb manches französische Möbelstück. Darüber hinaus ließ er Carlton House beinahe ausschließlich von französischen Handwerkern dekorieren.

Hollands Nachfolger in dieser Rolle war Thomas Hope. Als enger Freund und Bewunderer von Percier beklagte Hope Englands Geschmack. Er hatte einen Großteil seiner Zeit mit Reisen durch Griechenland, Syrien, Ägypten und Sizilien verbracht, und er bevorzugte Einrichtungen, die den antiken, weit weniger verzierten Vorbildern entsprachen. Als wohlhabender Bankier konnte er es sich leisten, das übrige England von seiner Sichtweise zu überzeugen.

Hope richtete sein Haus auf der Duchess Street in London nach eigenen Entwürfen ein und öffnete es dann für Besucher. Im Jahre 1807 veröffentlichte er über dieses Haus ein Buch mit dem Titel *Household Furniture and Interior Decoration.* Ein Jahr später gab der einflußreiche Londoner Kunsttischler George Smith ein Buch mit dem nahezu gleichen Titel *Collection of Designs for Household Furniture and Interior Decoration* heraus. Beide Bücher standen unter dem Einfluß des französischen Empire und waren voller antiker Flachreliefs, Bronzeskulpturen und Vasenmalereien.

Die Engländer waren schon immer große Sammler, daher bereitete ihnen die Übernahme eines neuen Stils, selbst von

Links Während des Regency erfreuten sich die Hocker mit ihrem x-förmigen Untergestell großer Beliebtheit. Die Form des hier gezeigten antiken Möbelstücks stammt aus dem alten Griechenland, die Vergoldungen sind dagegen reinstes Regency.

Oben Die Oberfläche dieses englischen Rosenholztisches wurde mit einem klassischen Fries versehen; ein typisches Merkmal des englischen Regency, ebenso wie die Löwenkopfbeschläge und die Klauenfüße. Die Stühle links und rechts sind Adam-Kopien aus dem 19. Jahrhundert.

einem Erzfeind, keine Schwierigkeiten. Darüber hinaus bildete eine klassizistische Einrichtung den perfekten Hintergrund für Antiquitäten, die es in jedem bedeutenden englischen Haus gab. Man begrüßte den Empire-Stil als Kennzeichen eines ungebrochenen Interesses an der Klassik. Andererseits waren seine betont symmetrischen Formen und seine Strenge ungewöhnlich genug, um neuartig zu wirken.

In den meisten Fällen ähnelten die Regency-Möbel den Möbelstücken des französischen Empire, die sie inspiriert hatten. Man bevorzugte Holzarten wie Mahagoni und Rosenholz, aber auch exotischere Hölzer. Satinholz wurde häufig für Intarsien und Schnurlinien verwendet. Ähnlich wie in Frankreich wurde das Holz geschnitzt und danach vergoldet und lackiert.

Auch Bronze, Messing und Kupfer wurden zur Dekoration eingesetzt, z. B. als Beschläge oder Intarsien, oder als Saiten einer stilisierten Lyra. Einige Stücke besaßen durchbrochene metallene Galerien oder Klauenfüße aus Metall; andere Möbel zeigten Türen aus einem mit Seide hinterlegtem Messinggitter. Die Knöpfe von Schubladen bestanden aus Messing oder Bronze und waren meist verziert – oft in Form einer Löwenmaske mit einem Ring als Griff. Außerdem fertigten auch die Engländer Möbel aus Stahl an, obwohl diese noch selten waren.

Die Engländer waren die ersten, die ihr Mobiliar von der Wand abrückten und in die Mitte eines Raumes stellten, z. B. um den offenen Kamin. Ein Franzose, der zum ersten Mal ein solches Arrangement sah, war entsetzt und nannte diesen Raum »dérangée« (»gestört«). Ob dérangée oder nicht, die viktorianische Vorliebe für betont willkürlich eingerichtete Räume deutete sich damit bereits an.

Links Die Einrichtung dieses Zimmers ist eine elegante Mischung verschiedener klassizistischer Stilrichtungen. Im Vordergrund steht eine x-förmige Sitzbank aus dem Regency, die diesem Stil entsprechend mit vergoldeten Widderköpfen und Klauenfüßen verziert wurde.

AMERIKA

Gegen Ende des 18. Jahrhunderts war Amerika eine neue Demokratie und völlig in ihr politisches Vorbild Griechenland vernarrt. Die ersten Häuser erinnerten an kleine griechische Tempel, und die Einrichtung war ähnlich klassisch inspiriert wie in England und in Europa. Auch der amerikanische Klassizismus wirkte hübsch und zierlich; doch war auch er nur der schlichte Vorbote dessen, was noch zu erwarten stand.

Die amerikanischen Möbel dieser Epoche waren häufig den englischen Entwürfen sehr ähnlich, sogar noch gegen Ende der sogenannten Kolonialzeit. Die Federal-Zeit (der Begriff umfaßt den Hepplewhite-, den Sheraton- und später auch den Empire-Stil in Amerika) erlebte die schwindende Popularität des Rokoko und der Chinoiserie-Motive von Thomas Chippendale und den Aufstieg der eher klassizistischen Entwürfe von Robert Adam, besonders durch die Designbücher von George Hepplewhite und Thomas Sheraton gegen Ende des 18. Jahrhunderts. Um 1820 verlor der Empire-Stil in Frankreich mehr und mehr an Einfluß, während er in Amerika seinem Höhepunkt zustrebte.

Da Napoleon die französische Demokratie vernichtet hatte, wäre es nur logisch gewesen, wenn die Amerikaner alles Napoleonische zurückgewiesen hätten. Amerika hatte schließlich gerade Krieg geführt, um sich von einer Monarchie zu befreien. Aber wie in England schenkte auch in Amerika die Mode der Politik keine Beachtung, und der Empire-Stil gelangte über den Atlantik. Außerdem besaßen die Amerikaner eine große Vorliebe für die Franzosen – von der Politik einmal abgesehen. Schließlich hatte Ludwig XVI. die Amerikaner in ihrem Unabhängigkeitskrieg unterstützt, und seine Hilfe hatte zweifellos dazu beigetragen, daß die Revolutionäre siegten.

Amerika feierte den Kampf der französischen Revolutionäre und betrachtete sich dennoch im Krieg von 1812 als Alliierte Napoleons, weil es für ein Bündnis mit den Briten noch zu früh war. Als Napoleons Bruder Joseph Bonaparte im Jahre 1815 nach Philadelphia kam, wurde er daher wärmstens empfangen. Ob Einrichtungsgegenstände, Moden oder Ansichten und Vorstellungen: Alles, was die Franzosen mit sich brachten, war von großem Einfluß auf amerikanisches Design, besonders nach der Jahrhundertwende.

Zu den ersten Amerikanern, die den neuen Stil annahmen, gehörte der Architekt Benjamin Henry Latrobe. Er war in

Oben Die Gestaltung und Innenarchitektur dieses Hauses, das als Museum dient, entspricht einer amerikanischen Wohnungseinrichtung um das Jahr 1820. Das Sideboard wurde im Jahre 1825 in Amerika angefertigt und mit Goldbronzebeschlägen verziert.

London tätig gewesen, kannte die Arbeiten von Henry Holland und wußte, was sich in Frankreich tat. 1795 kehrte Latrobe nach Amerika zurück und ging nach Philadelphia, wo er Häuser und Einrichtungen entwarf. Seine Arbeiten zeigen den Einfluß des historischen Klassizismus.

Latrobes Möbelentwürfe lassen sich beschreiben als französische Originale mit antikem Einfluß, von einem Engländer modifiziert und von einem Amerikaner interpretiert. Auch hier findet man die klassischen Formen, die glatten Oberflächen und die geradlinigen Grundzüge. Aber die Beschläge aus Goldbronze wurden durch bemalten und vergoldeten Gesso ersetzt, und sie stellten nun Eroberungsszenen dar. Die Tierfiguren machten floralen Motiven Platz, und die Gesamtform war deutlich weniger streng.

Möbel wie die von Latrobe waren vielleicht dem französischen Directoire ähnlicher als dem Empire – wenn man es sehr genau nimmt–, und tatsächlich bezeichnen einige Fachleute die zwischen 1805 und 1815 entstandenen Möbelstücke als »American Directoire«. Aber wie in Frankreich wurde auch das amerikanische Mobiliar allmählich immer massiver und prunkvoller, je mehr der Einfluß des Empire zunahm.

Links Das Schlafzimmer des Hausherrn im Deshon-Allyn House in New London, Connecticut. Sowohl das Schlittenbett als auch die Kommode sind typische Beispiele des amerikanischen Empire. Bei der Tapete handelt es sich um die Nachbildung einer Wandbekleidung des französischen Empire aus dem 19. Jahrhundert.

Oben Der südliche Salon. Die Lehnsessel und Stühle aus Mahagoni entsprechen dem Stil Duncan Phyfes und wurden Mitte des 19. Jahrhunderts von dem New Yorker Kunsttischler Ernest Hager angefertigt. Gestaltung und Faltenwurf der Vorhänge sind ein Entwurf aus dem frühen 19. Jahrhundert.

Die meisten amerikanischen Architekten beschäftigten sich weniger mit Möbelentwürfen, daher waren es vor allem die Möbeltischler, die den neuen Stil interpretierten und verbreiteten. Sie untersuchten die aus England und Frankreich importierten Originalstücke und brüteten über den Designbüchern von Percier und Fontaine, Thomas Hope, George Smith und anderen. Danach tischlerten sie ihre Möbel mit einheimischen Materialien.

Nach wie vor blieben die Motive in Mode, die zu den Favoriten der neuen Republik gehört hatten, wie zum Beispiel Schilde, Adler und die dreizehn Sterne. Im Laufe des 19. Jahrhunderts kamen Motive hinzu, die typisch für das Empire waren. Der Adler, der früher einmal als Intarsie in kontrastierenden Hölzern in ein bescheidenes ovales Medaillon eingearbeitet worden war, wurde nun zu einer massiven geschnitzten und vergoldeten Figur, die, so unwahrscheinlich es klingt, ein sternenbesetzes Banner im Schnabel hielt. Das Möbelstück, das er schmückte, konnte dann auch eine eher französische Stütze haben, wie etwa Pilaster, die in Klauenfüßen endeten.

Einige der bekannteren Kunsttischler zur Zeit des Empire waren der Schotte Duncan Phyfe in New York sowie Thomas Wetherill und Joseph B. Barry in Philadelphia. Daneben gab es eine Gruppe emigrierter französischer Möbeltischler, z. B. Charles Honoré Lannuier in New York sowie Anthony G. Quervelle und Michel Bouvier in Philadelphia. Bouvier hatte die Einrichtung von Joseph Bonapartes Haus entworfen.

Die kunstvollen goldbronzenen Beschläge der französischen Empire-Möbel kommen bei amerikanischen Stücken seltener vor. Häufiger dagegen findet man aufgemalte oder mittels Schablonen aufgetragene Motive oder Intarsienarbeiten in kontrastierenden Hölzern. Auch Messing wurde zur Verzierung eingesezt, allein oder mit Ebenholz; die so entstandenen Paneele mit Marketerien nannte man Boullearbeiten. Die Knöpfe fertigte man aus Messing, in das man Muster prägte, und später aus Glas und sogar aus Holz.

Viele der dekorativen Metallarbeiten wurden importiert, was aufgrund politischer Zwänge von Zeit zu Zeit etwas kompliziert war. Darüber hinaus bedeutete es, daß die Metallarbeiten häufig nicht für ein bestimmtes Möbelstück entworfen werden konnten – oft stellte man die Möbel passend zu den Metallarbeiten her. Da Amerika keine lange Reihe von Königen aufzuweisen hatte, die eine derartige Handwerkskunst hätten fördern und entwickeln können, waren amerikanische Möbel zwangsläufig viel einfacher.

Mahagoni blieb die beliebteste Holzart, aber man benutzte auch einheimische Hölzer wie z. B. Ahorn, Tulpenbaumholz, Kirsche, Fichte, Mastbaumkiefer und Zeder. Für die Bordüren und Intarsienarbeiten wurden exotischere Holzsorten wie Satinholz oder Ebenholz verwendet, und manchmal bemalte man eine Holzart, um eine andere zu imitieren.

Links Deshon-Allyn House wurde im Jahre 1829 erbaut. Die Diele zeigt einige wundervolle Möbelstücke des amerikanischen Empire. Die kleine Sitzbank am Ende des Raums ist mit einem Schwanenkopfmotiv verziert, das sehr schön mit dem Stuhl im Schlafzimmer des Hausherrn harmoniert.

Rechts Dieses amerikanische Sofa stammt aus dem Jahre 1830. Es wurde mit einem Polsterbezug aus rotem Samt und Beschlägen aus Goldbronze versehen.

KAPITEL

DREI

KLASSIZISTISCHE MÖBEL

– ORIGINALE UND MODERNE INTERPRETATIONEN –

SITZMÖBEL

In der Tradition des Möbeldesigns durch Architekten und Designer spielen Percier und Fontaine natürlich eine wichtige Rolle. Ihnen folgten die Regency-Architekten Robert Adam und Thomas Hope und in diesem Jahrhundert Jacques-Émile Ruhlmann, Marcel Breuer, Le Corbusier und Ludwig Mies van der Rohe, um nur einige zu nennen. Es ist eine renommierte Gruppe, und wenn man die Zahl der Architekten und Designer betrachtet, die sich in der heutigen Zeit an Möbelentwürfen versuchen, wird ihr Renommee in den nächsten Jahren noch kräftig anwachsen.

Auch wenn das heutige Mobiliar nicht wie zu Perciers und Fontaines Zeiten für bestimmte Standorte in bestimmten Räumen entworfen wird, verdankt es der klassizistischen Tradition doch einiges. Die Motive, die Percier und Fontaine aus dem antiken Griechenland, aus Rom und aus Ägypten übernahmen, sind heute wieder aktuell. Viele neue Designs sind in poliertem Stahl gearbeitet, einige sind mit Messing und Bronze verziert oder mit einem wunderschön verwitterten Grünton patiniert.

Eines der typischsten Beispiele für das Mobiliar der Empirezeit ist das *bateau en lit* oder Tagesbett. Man kann die Form des *bateau en lit* in unzähligen modernen Bettformen wiederentdecken, wie auch in Sofas und in Chaiselongues. Ihre antiken Vorfahren waren im allgemeinen etwas graziler, mit gedrechselten, sich verjüngenden Beinen. Obwohl sie nicht massiv wirkten, waren diese Couches kaum einmal unverziert – es gibt Beispiele mit Knochenschnitzereien, Intarsien aus Silber oder Glas, Löwenmasken, Pferdeköpfen, menschlichen Masken usw.

Aber die Möbel des Empire waren viel schwungvoller als ihre klassischen Vorbilder. Große Flächen und eine glatte Oberfläche kennzeichnen diesen Stil, was bei einem so großen Möbelstück wie dem *bateau en lit* besonders ins Auge fällt. Die Seiten des Bettes wirken, als seien sie aus einer Schiffsplanke geschnitten, und wo sie sich mit Kopf- und Fußbrett treffen, bilden sie rechte Winkel. Die glatten Oberflächen sind reich verziert, selten jedoch stören Schnitzarbeiten oder Verzierungen exakte Winkel oder klare Konturen.

Das vielleicht bekannteste dieser Tagesbetten ist das der Madame Récamier, das im Jahre 1798 von dem Architekten Louis-Martin Berthault, einem Schüler von Percier und Fontaine, entworfen wurde. Die berühmten Gebrüder Jacob fertigten dieses Bett aus Mahagoni und verzierten es mit Schwänen aus Goldbronze, klassischen Figuren und anderen Motiven. Seine Draperien bestanden aus weißem Musselin und waren mit Sternen und Fransen besetzt. Dahinter befand sich eine große Spiegelfläche. Die Wand war mit schwarz eingefaßter, violetter Seide drapiert und wurde von einem gelbrosa Querbehang aus Seide mit goldenen Bordüren gekrönt. Die ganze Komposition stand in einer gewölbten Nische. Dieses Bett sorgte in ganz Paris für eine Sensation.

Madame Récamiers Bett, das durch das berühmte Bild von Jacques-Louis David einen Platz in den kunstgeschichtlichen Archiven erwarb, fällt offiziell in die Epoche des Directoire. Mit dem Heranreifen des Empire wurden die Formen noch

Rechts Das Bett der Madame Récamier, 1802 von Robert Smirke. The British Architectural Library, RIBA, London. Dieses Aquarell zeigt das Bett, das in Paris für eine Sensation sorgte. Die Musselin- und Seidendraperien und die kunstvollen Verzierungen des Mahagonibetts sind auch heute noch sehr eindrucksvoll.

Links Madame Récamier, um 1793 von Jacques-Louis David. Louvre, Paris. Das im klassizistischen Stil entworfene Tagesbett war ein elegantes Möbelstück des Empire. Madame Récamier ruht hier auf einem gemäßigteren Vorläufer dieses Betts aus der Zeit des Directoire.

Ganz rechts Die Sitzbank im Vordergrund verdeutlicht alle Eigenschaften des Empire: die großzügige Nutzung des Raums, geschwungene Armlehnen und Blattgoldvergoldungen.

Rechts Bei diesem kleinen »Loveseat«-Sofa handelt es sich um eine Abwandlung des *bateau en lit*. Es paßt hervorragend in dieses moderne Interieur.

kunstvoller und oft weniger grazil. Ein Bett, das nach 1810 von Jacob-Desmalter et Cie (einem Nachfolger der Firma der Gebrüder Jacob) für die Kaiserin Josephine angefertigt wurde, besaß massive geschnitzte Schwäne, die das Kopfbrett flankierten, mit Schnitzereien bedeckte rechteckige Seiten und war von Kopf bis zu den füllhornähnlichen Füßen vergoldet.

Rechts Dieses anmutige englische Sofa mit der Lackierung in Schwarz und Gold ist eine echte Antiquität. Angefertigt wurde es um das Jahr 1810, und daher paßt es hervorragend in dieses im historischen Stil eingerichtete Haus in New London, Connecticut. Die Volutenform der Lehne und die geschwungenen Beine lassen die leicht modifizierte Gestalt des *bateau en lit* des Empire erkennen, dessen Ursprung bei den Betten und Liegesesseln der Antike zu suchen ist.

Unten Obwohl dieses Sofa alle Merkmale eines außergewöhnlichen Empire-Möbels aufweist, handelt es sich hierbei jedoch um ein Möbelstück der »Neoclassic«, das von Peter Carlson im Jahre 1980 entworfen wurde.

Oben Zur Zeit des Empire verzierte man die Möbelstücke gerne mit Fransen und Troddeln. Hier finden wir diese Verzierung an einem modernen Sofa, dessen nach außen geschwungene Armlehne klassischen Einfluß erkennen läßt. Das Leopardenfell verleiht diesem schlichten Entwurf einen zusätzlichen Hauch von Exotik.

STÜHLE

Die meisten Architekten und Designer verspüren wenigstens einmal in ihrer Karriere den Wunsch, Möbel zu entwerfen. Dabei sind Stühle ihr bevorzugtes Objekt, vielleicht deshalb, weil ein Stuhl die gelungenste Kombination von funktionellem Design und Kunst darstellt.

Zwei antike Formen, die in das späte 18. und frühe 19. Jahrhundert verpflanzt wurden, heißen *Klismos* und *Thronos*. Der *Klismos* ist ein griechischer Entwurf aus dem 5. Jahrhundert v. Chr., bei dem die Hinterbeine nach außen schwingen und in eine vorwärts geschwungene Rückenlehne übergehen, so daß Beine und Rückenlehne zusammen im Profil ein geschweiftes »S« ergeben. Die Vorderbeine streben wie ein Spiegelbild der Hinterbeine ebenfalls nach außen und rollen dann häufig nach vorn über, bis sie in Schwanenköpfen oder einer anderen dekorativen Schnitzerei enden. Die Rückenlehne ist rechteckig und ruht auf den hinteren Holmen, so daß der Sitzende die Lehne ungefähr auf Schulterhöhe berührt.

Die Empire-Interpretationen des *Klismos* sind leicht zu erkennen, wenn sie auch leichte Veränderungen durchmachten. Die säbelförmigen Vorderbeine wurden häufig zugunsten eines gedrechselten, vertikalen Designs aufgegeben, oder der Vorwärtsschwung der Rückenholme verschwand, so daß der ganze Stuhlrücken im Profil gesehen eine flache, nach hinten gerichtete »C«-Form bekam.

Der *Thronos* war in Griechenland den Göttern und Fürsten vorbehalten (daher unser Wort *Thron*). Er machte Anleihen bei den Ägyptern und den Etruskern. Der *Thronos* besitzt Klauenfüße, wobei das gesamte Stuhlbein in Form eines Tierbeines geschnitzt ist, und die Beine und manchmal auch die Lehnen haben die Form einer Sphinx oder eines geflügelten Tieres. Es gibt rechteckige und gedrechselte Beine mit verschiedenartigen Schnitzereien, oder man verwendet statt Beinen ein solides Untergestell, das bis zum Boden reicht.

Die Römer übernahmen beide Stuhlformen der Griechen und paßten sie ihrem eher grandiosen Geschmack an. Aus Rom kamen die Stühle ins napoleonische Frankreich, und ihr Pomp blieb unversehrt erhalten. Die eher vom *Klismos* inspirierten Stühle bewahrten sich eine gewisse Zierlichkeit – dafür sorgte die kurvenreiche und im Grunde leichte Form. Aber der *Thronos* wurde zu etwas besonders Prunkvollem und so häufig mit anderen Entwürfen gekreuzt, daß man seine ursprünglich klassische Form in manchen Fällen kaum noch wiedererkennen konnte.

Unten Die Lehnen dieser französischen Armsessel aus dem 19. Jahrhundert enden in Schwanenköpfen. Rechts neben der Tür steht ein »Toscana«-Gondelsessel, der an den *Thronos* erinnert und für Sapporiti Italia entworfen wurde.

Rechts Obwohl dieser Stuhl neu angefertigt wurde, läßt sein Erscheinungsbild – die abfallenden Armlehnen, der gerade verlaufende Rücken und die klassisch geformten Beine – auf den Empire-Stil schließen, wenn man vom Weizenmotiv in der Rückenlehne absieht.

Ein von Percier und Fontaine für Napoleon entworfener vergoldeter Thronsessel ähnelt sehr seinem römischen Gegenstück mit seinen Klauenfüßen, seinen Stützen in Form eines Löwenkopfs und seinem gewölbten, rechteckigen Stuhlrükken, der in ein massives Untergestell übergeht. Ein Armsessel mit dem S-förmigen Rücken des *Klismos* von Percier besaß als Armlehnen geschnitzte, weiß lackierte Schwäne, säbelförmige Vorderbeine und einen geschwungenen Rücken in Gondelform. Es war eine gelungene Mischung aus griechischen, römischen und etruskischen Ideen, einschließlich zeitgenössischer europäischer Vorstellungen.

In Österreich bildeten die Polsterstühle die frühesten und vielleicht erstaunlichsten Biedermeiermöbel. Sie basierten auf der *Klismos*-Form des Empire, und ihre Beine waren ähnlich verjüngt oder säbelförmig. Aber die Rücken wichen von der Hauptströmung des Empire ab. Sie waren überreichlich geschweift, so gab es z. B. Rückenlehnen, die auf Höhe der Taille nach innen schwangen, dann wieder nach außen strebten und in einer Kammzarge endeten, die z. B. eine Fächerform, eine »C«-Form oder einen Schwanenhals darstellen konnten. Die Kammzarge in Form eines »C« gab es in Frankreich schon zu Zeiten Ludwigs XV., aber damals war es ein zurückhaltendes, nach unten geschweiftes Detail – und in keiner Weise das, was die Stuhlhersteller des Biedermeier daraus machten.

Rechts Dieser Stuhl aus Tigerholz hat seine Form vom *Klismos* übernommen. Er ist mit Holzintarsien in klassisch gehaltenen Mustern verziert, und die Sitzfläche wurde mit einem Seidenstoff bezogen, der aus den zwanziger Jahren dieses Jahrhunderts stammt. Der Stuhl ist Teil einer Biedermeier-Einrichtung in der New Yorker Wohnung von Maureen Geiger.

Links Dieser Stuhl in *Klismos*-Form wurde in Italien Mitte des 19. Jahrhunderts angefertigt. Das Schlangenmotiv in der Rükkenlehne ist aus Holz geschnitzt, das mit Gesso grundiert und anschließend vergoldet wurde.

Rechts Der im Vordergrund sichtbare Eßzimmerstuhl von Michael Graves stellt eine moderne Interpretation der klassischen *Klismos*-Linie dar. Seine schlichte Eleganz kommt in einer einfachen, ungekünstelten Umgebung besonders gut zur Geltung.

Ganz rechts Bei diesem antiken Biedermeierstuhl wurde die Sitzfläche mit Roßhaar gepolstert. Der Hocker links, ein Entwurf von Michael Graves für Diane von Fürstenberg, paßt hervorragend zu seinem klassizistischen Pendant.

TISCHE

Auch andere Beispiele antiker Einrichtungen tauchten in Frankreich wieder auf. Aus dem Dreifußtisch mit seinen tierförmigen Beinen und einer entweder glatten oder schalenförmigen kreisrunden Tischplatte entstanden Guéridon und Athénienne. Doch nicht alle Einrichtungsgegenstände basierten auf antiken Formen. Man verlieh dem Mobiliar früherer Epochen einfach ein zeitgenössisches Äußeres und machte es so zu einem Empire-Möbel. Konsoltischchen paßten wunderbar zu den für diese Zeit so charakteristischen geradlinien Formen. Ihre Vorderbeine beispielsweise wurden zu sich verjüngenden, viereckigen Pilastern, die vielleicht von Karyatidenköpfen gekrönt waren und in vergoldeten Klauenfüßen oder viereckigen Piedestalen endeten.

Kreisrunde Tische von ungefähr einem Meter im Durchmesser, die man Tee- oder Eßtischchen nannte, waren ebenfalls ideal für die Designs des Empire. Es gab sie in unbegrenzter Vielfalt, und außer den Klauenfüßen, den Intarsien aus exotischen Hölzern, den bronzenen Tierfiguren und den Beschlägen aus Gold und patinierter Bronze besaßen viele dieser Tischchen eine Platte aus Sèvres-Porzellan.

Man sollte hier einige Worte über die Terminologie verlieren. Damals nannte man kleine, runde Tische mit marmornen Tischplatten Guéridons, größere runde Tische mit Marmorplatte waren bekannt als Teetische und Eßtische. Glücklicherweise ist heute das Wort Guéridon zur Sammelbezeichnung für alle runden Tische geworden.

Es gab rechteckige Spieltische für Backgammon und Dame, deren Tischplatten man entfernen konnte, und die sich in Schreibtische verwandelten, Jardinièren, Nachttische und Frisiertische, die mit Becken, großen Spiegeln und Kandelabern ausgestattet waren. Es gab aber auch Drehspiegel oder Psychen, in denen man erkennen konnte, wie man vom Scheitel bis zur Sohle aussah; es gab Waschtische, Sekretäre, Aufsatzkommoden oder Semainieren, Damensekretäre oder Bonheurs du jour und Kommoden. Darüber hinaus gab es noch Vitrinen, Kleiderschränke und Bücherschränke, und sie alle machten mit ihren neuen Designs, die auf klassischen Themen beruhten, den Empire-Stil aus.

Um das Jahr 1800 kam der Sofatisch in England auf. Länglich, häufig mit herunterklappbaren Seitenteilen an beiden Enden, nahm er den Platz vor dem Sofa ein, wo er zum Tee oder zur Näharbeit benutzt werden konnte. Um Gäste davon abzuhalten, sich in zu großen Runden im Salon zusam-

Oben Dieser auf zwei Piedestalen ruhende Biedermeierschreibtisch bietet genügend Fläche, um die wundervolle Holzmaserung zur Geltung zu bringen. Genau wie in diesem Fall wurden die klassizistischen Tischplatten häufig von zwei Säulen getragen.

Rechts Bei diesem dreibeinigen Tisch aus Obstbaumholz handelt es sich um ein Biedermeiermöbel aus der Zeit um 1830. Die urnenförmige Vase auf dem Tisch stammt ebenfalls aus dem Biedermeier und wurde aus Wurzelholz angefertigt. Das Sideboard aus Mahagoni datiert aus dem Jahre 1911 und kommt aus Kopenhagen.

Links Die Marmorplatten dieser modernen Teetischchen sind typische Kennzeichen des Empire. Mit ihren langen Beinen und der geradlinigen Formgebung passen sie sehr schön in eine zeitgemäße Einrichtung im neoklassizistischen Stil.

menzufinden, arrangierten die Engländer ihre Salonmöbel in verstreut und willkürlich scheinenden Gruppen. Das hatte zur Folge, daß bei den größeren gepolsterten Möbelstücken, die vorher immer an einer Wand zu stehen pflegten, die Möbelrücken präsentabel verkleidet werden mußten.

Rechts Der dreieckige Sockelfuß dieses antiken Guéridon ist mit Delphinen verziert. Die Tischplatte ist aus Marmor.

Rechts Dieser dreieckige Tisch mit seinem Gestänge aus Stahlrohr ist die hübsche Umsetzung eines klassizistischen Teetischs mit Metallbeinen. Der Tisch und die dazu passende Vase wurde von Stephen Bumm entworfen.

Links Diese neueste Variante eines Tischs im Stil der »Neoclassic« kombiniert die Grundform eines klassischen, dreibeinigen Teetischs mit der Eleganz eines Guéridon. Mit Gummi überzogene Tischbeine tragen die drei einander nicht berührenden Glasplatten. Der Tisch erhielt den Namen »AGIII« nach seinem Designer Al Glass.

Links Die Platte dieses kleinen Tischs, dessen Gestänge an ein Netzwerk aus Metall erinnert, eignet sich hervorragend zum Ausstellen antiker Kunstwerke aus dem Mittelmeerraum. Daneben steht ein mit Schnitzereien verzierter Empire-Stuhl.

Rechts Diese kleinen Rauchtischchen, die von Shelton Mindel & Associates entworfen wurden, haben klassizistische Formen. Das wird durch die geradlinigen Beine, deren Füße sich sockelförmig verbreitern, noch betont. Die Tische sind mit ei Oberfläche aus antikisiertem Metall, aus Marmor oder aus hellem Holzfurnier erhältlich.

KAPITEL

VIER

KLASSIZISTISCHE AKZENTE UND OBJEKTE

– ORIGINALE UND MODERNE INTERPRETATIONEN –

ZIERSTÜCKE

Napoleon war wohl in erster Linie Feldherr, aber er war auch ein Mann der Politik. Ihm war es wichtig, daß fremde Nationen nicht nur Frankreichs Gewehren unterlagen, sondern auch Frankreichs Kultur.

Napoleon verbreitete seinen ganz eigenen Stil, und sein größtes Interesse galt dem Kunsthandwerk. Kaum hatte er z. B. dafür gesorgt, daß die französische Seidenindustrie auf den neuesten Stand gebracht wurde, um die feinsten Seidentücher weben zu können, befaßte er sich mit den Erzeugnissen anderer Industriezweige.

Bei der Möbelherstellung spielte Frankreich eine führende Rolle, da die französischen Kunstschmiede Wunderdinge vollbrachten – in keinem anderen Land war man in der Lage, so herrliche Beschläge herzustellen. Diesselbe Meisterschaft entwickelten die französischen Kunstschmiede auch bei kleineren Schmuckobjekten, und ebenso hervorragend waren die Franzosen bei der Verarbeitung von Gold und Silber und bei den Entwürfen und Dekors ihres Porzellans.

Martin-Guillaume Biennais und Jean-Baptiste-Claude Odiot sind die beiden bekanntesten Silberschmiede des Empire. Biennais war von Haus aus eigentlich Kunsttischler, und zu seinen ersten Gönnern gehörten Napoleon und Josephine. Er stellte kleine Möbelstücke her wie Spieltischchen, Sekretäre und sogenannte Necessaires (kleine Schränkchen für Toilettenartikel), Kuchenbestecke, Rasierzeug und ähnliches. Diese Schränkchen bestanden in der Hauptsache aus Holz, das zusammen mit den Beschlägen kunstvoll verziert wurde. Dabei verwendete man alle Arten von Material, von vergoldetem Silber bis zu Porzellan und Glas. Bis zum Jahre 1805 hatte Biennais es zum bevorzugten Silberschmied des Kaiserpaares gebracht, der alles lieferte, von Tischen bis zu Schnupftabakdöschen.

Odiot war von Haus aus Silberschmied, arbeitete aber, wie die meisten seiner Kollegen, mit Künstlern aus anderen Sparten zusammen und schuf auf diese Weise einige der Meisterwerke seiner Zeit. Viele der Silberstücke von Biennais wurden nach Entwürfen von Percier und Fontaine hergestellt. Odiot fertigte im Jahre 1811 zusammen mit dem Bronzegießer Thomire nach Entwürfen von Prud'hon eine Wiege für Napoleons Sohn, den König von Rom. Sie steht auf Beinen in Form von Füllhörnern, die Spindeln sind durch kleine Bienen miteinander verbunden, und auf dem gewölbten Kopfbrett steht eine Siegesgöttin, die eine lorbeer- und sternenbekränzte Krone

Links Unter einem Stich von Piranesi, der eine antike griechische Warwick-Vase darstellt, befindet sich eine stark verkleinerte Nachbildung dieser Vase (das Original ist aus Marmor und wiegt siebeneinviertel Tonnen). Daneben steht eine französische Uhr aus Marmor und Bronze mit einer Büste von Benjamin Franklin, der sich bei den Franzosen großer Popularität erfreute.

Rechts Peter Coan von »Red Roof Designs« entwarf die Metallvasen auf dem Kaminsims. Ihre stilisierte, moderne Form kann mit antiken Glasvasen zu einer innovativen Mischung in der Tradition des Klassizismus kombiniert werden.

Rechts Ein Porzellangefäß aus dem Empire wird von einer Reihe napoleonischer Gegenstände flankiert: Rechts steht ein Tintenfaß aus Metall, das im 19. Jahrhundert in der Form von Napoleons Grabmal angefertigt wurde, und auf der linken Seite sieht man eine kleine Napoleon-Statue.

Ganz rechts Alle abgebildeten Vasen stammen aus der heutigen Zeit und sind aus massivem Messing, das anschließend mit einer künstlichen Patina versehen wurde. »CX« nennt die Künstlerin Monica Missio diese besonderen Vasen, bei denen Pompeji Pate stand. Durch ihre klassischen Formen und ihre antikisierten Oberflächen zählen sie zu den idealen Einrichtungsgegenständen der »Neoclassic«.

hält. Aus der Sicht eines Kindes würde die Krone genau über seinem Kopf schweben; ein schützender Adler hat sich zu seinen Füßen niedergelassen. Die Wiege besteht aus vergoldetem Silber und Perlmutt und war Teil einer prunkvollen Einrichtung für den Infanten.

Odiot und Biennais haben auch Möbel hergestellt, die vollständig aus Silber bestanden. Als das Empire sich immer mehr durchsetzte, wichen diese Stücke, wie alle anderen Schmuckobjekte auch, mehr und mehr einem imposanteren Stil. Anstelle der Ziselierungen und Gravuren der vornapoleonischen Zeit kamen die einfachen und klassischen Formen mit glattpolierten Oberflächen auf, die dann mit geschnitzten Figuren und Motiven umringt und oft geradezu eingehüllt wurden.

Die Tradition des biedermeierlichen Kunsthandwerks ist aus vielen guten Gründen weit weniger üppig als das französische Empire. Einer der Gründe war, daß Kaiser Franz I. im Jahre 1806 angeordnet hatte, daß alle Gold- und Silberobjekte dem Staat übergeben und eingeschmolzen werden sollten. Öster-

reich befand sich im Krieg mit Frankreich, und man wollte auf diese Weise die österreichischen Staatsfinanzen verbessern.

Aus dem Grund wurde Eisen zum bevorzugten Schmuckmetall für Kerzenständer und andere dekorative Objekte. Doch Zierstücke wie kleine Kästchen, Kaminuhren und Spiegel wurden häufig aus demselben hellen Holzfurnier wie die Biedermeiermöbel gefertigt, mit schwarz gebeizten oder – seltener – aus Bronze geformten Ornamenten. Die wirtschaftliche Lage war bis zur Niederlage Napoleons äußerst angespannt, und diese Sparsamkeit kommt auch im Kunsthandwerk zum Ausdruck. Aber auch nach dem Wiener Kongreß, der die Restauration und das Ende der wirtschaftlichen Probleme nach sich zog, blieb dem Biedermeier eine gewisse Sparsamkeit eigen.

Ganz links Eine moderne Schale aus geätztem Glas mit einem Fuß aus patiniertem Messing.

Links Stephen Bumm entwarf diese pyramidenförmige Vase aus Plexiglas, die mit der Spitze nach unten in einem Gestänge aus Stahlrohr hängt. Wenn sie auch himmelweit vom Sèvres-Porzellan entfernt ist, so wirkt ihre Linienführung doch dynamisch und klassisch zugleich.

Rechts Diese prachtvolle Sammlung von Obelisken reicht vom 18. bis ins 20. Jahrhundert. Napoleon brachte dieses alte Symbol der Ägypter von seinem Ägypten-Feldzug mit nach Europa, und der Obelisk wurde so zu einem typischen Merkmal des Empire.

Oben Der Architekt Robert Stern kreierte diesen Kerzenhalter sowie die Salz- und Pfefferstreuer für Swid Powell. Angezogen von der Form und der Linienführung der Klassik, versieht Stern seine Entwürfe mit klassischen Elementen, um so, wie er sagt, »seine architektonischen Ideen bis in den Bereich des Dekorativen auszudehnen«.

UHREN Kaminuhren waren wie geschaffen dazu, mit einem kleinen allegorischen Bild verziert zu werden – sie waren in Augenhöhe plaziert, schlugen die Stunde und sagten die Zeit an, so daß man sie oft und wahrscheinlich genau betrachtete. Das eigentliche Uhrwerk wurde von Uhrmachermeistern – wahren Künstlern – hergestellt, während Meister des Bronzegusses wie Thomire, Feuchère, Ravrio und Gallé die Gehäuse anfertigten. Die französischen Uhren hatten den besten Ruf und waren überall sehr begehrt.

Musen, Götter und Göttinen gaben sich ebenso wie Helden der Antike ein Stelldichein auf kleinen Meisterstücken der Formgebung – die zufällig auch Uhren enthielten. So ist auf einer Uhr die Skulptur der Muse Erato in patinierter Bronze zu sehen. Auf einem mit Goldbronze verzierten Marmorsockel spielt sie auf einer vergoldeten Lyra, in deren Mitte man unvermittelt auf ein Zifferblatt stößt. Eine andere Uhr zeigt den in Goldbronze gegossenen Jason, der in einen Baum greift, um an das Goldene Vlies zu gelangen. Diesmal findet man das Zifferblatt am Fuß des Baumes, umgeben von den Falten, die Jasons Umhang wirft, und von dem Drachen, den er gerade getötet hat. Fortuna erscheint ebenfalls auf einer Uhr, auf einem Schiff in goldbronzenen Wogen.

Anstatt kleine figürliche Szenen darzustellen, besaßen einige Uhren, nach einem Entwurf Perciers, die Form eines klassischen Altars. Andere wirkten wie Miniatur-Portiken, die von Säulen flankiert wurden. Während diese aus einer Vielzahl von Materialien wie Holz oder Marmor hergestellt wurden, entgingen doch nur wenige Uhren der Kunst des Bronzegießers. Seine Handschrift war überall deutlich zu erkennen: in den dekorativen Beschlägen, den Säulenkapitellen und Sockeln, den kleinformatigen Kreuzblumen und in den Füßen. Häufig waren sogar das Zifferblatt und das Pendel kleine Meisterwerke der Bronzearbeit. Bei der Uhrenherstellung benutzte man auch Porzellan – sowohl als Material für dekorative Zifferblätter wie auch für das gesamte Uhrengehäuse.

Rechts Diese kleine Tischuhr ist mit klassischen Urnen verziert, aber die vereinfachte Gehäuseform und das helle Furnier deuten eher auf österreichisches als auf französisches Kunsthandwerk hin.

Royal Treasures
IMPRESSIONISM AND POST-IMPRESSIONISM
GLASS
ART NOUVEAU TO ART DECO
HISTORY OF FURNISHING

Links Die Kaminuhr, die Michael Graves im Jahre 1987 für Alessi entworfen hat, ist gebaut wie viele Chronometer der Biedermeierzeit. Diese Uhr aus Vogelaugenahorn mit Intarsien aus schwarzgebeiztem Holz präsentiert stolz ein Pendel aus 18-karätigem Gold.

Links Diese vergoldete Figurenuhr aus dem Empire besitzt ein aufgesetztes Miniatur-Astrolabium und stellt Urania dar, die griechische Muse der Astronomie und der Himmelsgewalten. Uhren waren eine beliebte Ausstellungsfläche für Figuren aus der Mythologie.

Oben Diese um 1810 gefertigte französische Uhr wirkt wie ein von Säulen flankierter Miniatur-Portikus. Bei den anderen Gegenständen auf dem Kaminsims handelt es sich um Obelisken und Kopien griechischer Öllampen.

Rechts Obwohl diese Uhr aus dem französischen Empire stammt, zeigt sie auch heute noch die genaue Zeit an. Sie wurde mit Goldbronzeaufsätzen verziert. Die dunkelblaue Vase rechts daneben ist aus Berliner Porzellan.

LICHT Gegen Ende des 18. Jahrhunderts entwickelte der Schweizer Erfinder Ami Argand eine verbesserte Form der Öllampe. Öllampen waren zwar schon seit jeher in Gebrauch, aber das neue Modell von 1782 brannte heller und sauberer als seine Vorgänger. Allerdings sollte es noch eine Weile dauern, bis die technische Errungenschaft sich in größerem Maße durchsetzte und dann auch in der Inneneinrichtung berücksichtigt wurde; deshalb findet man die Lampe Argands in keinem von Napoleons Palästen. Dasselbe gilt für alle anderen neuen Lampenmodelle, von denen einige zur Zeit Napoleons entwickelt wurden oder auch schon vereinzelt in Gebrauch waren.

Kerzenleuchter dagegen gab es in Hülle und Fülle: Kronleuchter, Laternen, Wand- und Deckenleuchter, Stehlampen; und für die Tische gab es Kerzenständer, Girandolen und Torchères. Zum Inventar gehörte ferner eine ganze Palette weiterer Schmuckobjekte, und wenn man nach dem Preis dieser Dinge urteilt, dann waren sie damals mindestens genauso begehrt wie heute.

Wenn man die Preise vergleicht, die im Jahre 1810 für die Ausstattung von Napoleons Grand Cabinet im Trianon von Versailles gezahlt wurden, dann erhält man einen kleinen Einblick in das, was in jener Zeit als wertvoll galt. Eine Gruppe aus zwei Armstühlen, vierundzwanzig Faltstühlen, zwei Hokkern und einem vergoldeten Wandschirm aus Holz kostete 6784 Francs, und 4400 Francs wurden für zwei Kommoden aus Mahagoni und vergoldeter Bronze mit einer 2,5 cm starken Marmorplatte gezahlt. Der Uhrmachermeister Lepaute kassierte dagegen schon 4000 Francs für eine einzige Wanduhr mit einem Gehäuse aus Mahagoni und mit Beschlägen aus vergoldeter Bronze, und ein achtzehnarmiger Kronleucher kostete 5200 Francs. War ein Leuchter aus Goldbronze, stammte er aller Wahrscheinlichkeit nach aus Paris. Überall sonst wurden die Leuchter aus Blech, Eisen, geblasenem Glas, vergoldetem Holz oder Gips gefertigt. Häufig wurden solche Stücke bemalt und manchmal auch vergoldet. Die Formen waren dieselben wie zur Zeit der Bourbonen, und nur an den Motiven konnte man die Leuchter eindeutig dem Empire zuordnen. Im allgemeinen bestanden die Kronleuchter aus einem Rumpf in Vasen- oder Balusterform und den einzelnen Armen, die mit Kristallanhängern versehen waren. Alle Teile des Leuchters wurden in der Regel mit Palmetten, Akanthusblättern, Lyren, Masken, klassischen Figuren und ähnlichen Motiven geschmückt. Kerzenhalter behandelte man ähnlich,

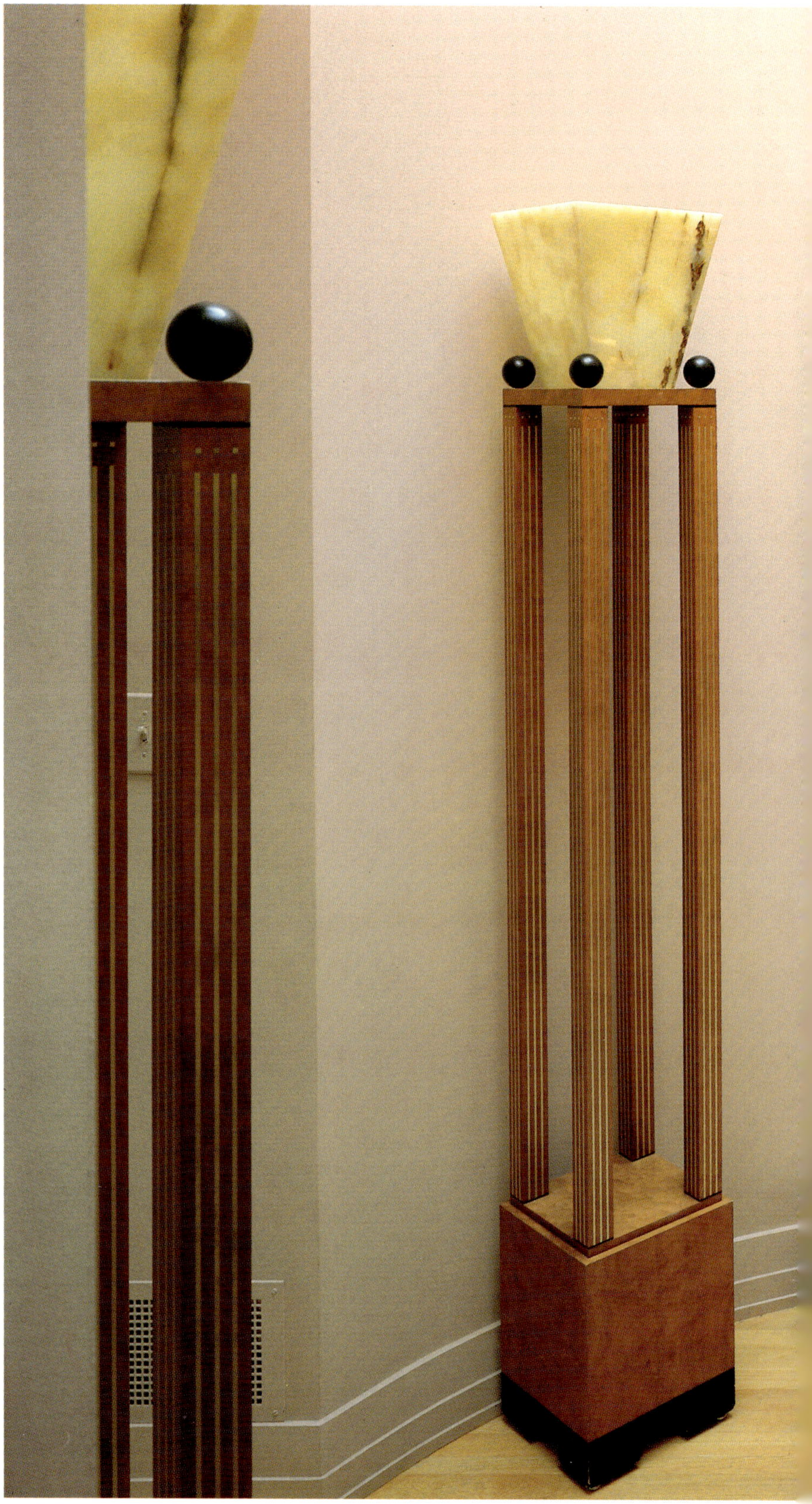

Links Diese von Michael Graves entworfenen Stehlampen sind eine moderne Interpretation der Torchères. Torchères sind hohe Ständer für Kandelaber und Vasen; sie spielten eine bedeutende Rolle im Design des Empire, und auch heute noch lassen sich damit größere Räume auf eindrucksvolle Weise ausleuchten.

obwohl hier anstatt gebogener und asymmetrischer Formen Geradlinigkeit und Symmetrie vorherrschten.

Die bescheidene Öllampe kam zwar in keinem von Napoleons Palästen zu Ehren, tauchte aber dafür anderswo auf, und manchmal war sie ziemlich elegant verkleidet. Der Maler Isabey besaß ein Modell von Percier und Fontaine, das auf einem zweieinhalb Meter hohen kannelierten Laternenpfahl mit Klauenfüßen stand. Man konnte aus mehreren Öllampen einen Kronleuchter formen, und mit dem Aufkommen der Carcel-Lampe, bei der sich der Öltank unterhalb statt oberhalb der Flamme unterbringen ließ, wurde das Design dem der klassischen Kronleuchter immer ähnlicher. Obwohl wahrscheinlich keine seiner Lampen mit Öl brannte, besaß selbst der Kaiser in seiner Bibliothek einen solchen klassizistischen Kronleuchter, dessen Form einer antiken Öllampe nachempfunden war.

Rechts Diese schlangenförmigen Kerzenständer erwecken den Anschein, als hätten sie schon in Pompeji ihren Dienst getan, dabei stammen sie in Wirklichkeit aus der Zeit um die Jahrhundertwende.

Rechts Eine aus Alabaster gefertigte Öllampe aus dem Empire schmückt heute die Decke dieser modernen Wohnung. Auch die kleinen Lampen auf dem Kaminsims tragen mit ihren kannelierten Sockeln zur Beleuchtung im klassizistischen Stil bei.

Rechts Diese modernen Kerzenständer erhalten durch angelaufenes Messing ihre »antike« Patina, wodurch ihr Äußeres an alte römische Kerzenhalter erinnert.

Links Michael Graves kreierte diese Lampe, deren Fuß aus Holz speziell behandelt wurde, damit er wie Bronze wirkt. Die Idee zu diesem Entwurf stammt von den Lampen, die die Römer während ihrer Feldzüge im 1. und 2. Jahrhundert n. Chr. verwendeten. Diese Lampen, deren drei Beine in einem Sockel endeten, ließen sich zusammenfalten, so daß das Heer sie mitnehmen konnte, wenn es weiterzog.

SPIEGEL

Auch der Spiegel sollte in der Inneneinrichtung bald eine große Rolle spielen. Da man inzwischen in der Lage war, größere und dickere Glasplatten herzustellen, konnte man auch größere Spiegel herstellen und bald ganze Wände oder sogar ganze Räume mit Spiegeln verkleiden. Diese Idee war Gegenstand heftiger Diskussionen. In seinem 1780 erschienenen Buch *Le Génie de l'architecture* schrieb Le Camus de Mezières, man solle zwischen den einzelnen Spiegelflächen Abstände lassen, denn zu viele Spiegel würden einen »traurigen und monotonen Effekt« erzielen. Eine gewisse Mademoiselle Dervieux dagegen, die Le Camus' Rat keine Beachtung schenkte oder ihn vielleicht nicht kannte, ließ ihr Boudoir völlig mit Spiegeln ausstatten, einschließlich der Decke.

Noch mehr Spielraum für dekorative Kunstgriffe ließen große Glasflächen. Percier und Fontaine plazierten in einem Salon, den sie für eine Madame Moreau einrichteten, ein großes Glasfenster mit Blick auf den Garten genau über einem Sofa, wo üblicherweise ein großer Spiegel hing. Das Fenster erhielt einen rechteckigen Rahmen, der genauso wie bei einem Spiegel mit Sphingen, Vasen und Medaillons verziert war. Auf die gleiche Art und Weise versahen sie den Kamin mit einem Fenster, obwohl man dafür eine Konstruktion ersinnen mußte, bei der der Abzug um das Glas herum geleitet wurde. Trotz dieser komplizierten Bauweise kamen solche Kamine mit Fenstern groß in Mode.

Rechts Dieser vergoldete Spiegel wurde – genau wie der sich darin spiegelnde Kronleuchter – in Amerika während der Zeit des Federal-Stils angefertigt. Auf dem Pfeilertischchen aus Mahagoni befindet sich eine Tranlampe aus der ersten Hälfte des 19. Jahrhunderts. Arrangement und Faltenwurf der Vorhänge beruhen auf einem Entwurf aus George Smiths Buch *Collection of Designs for Household Furniture and Interior Decoration*, das im Jahre 1808 in London erschien.

Ganz rechts Dieser Spiegel zeigt das klassische Fries mit einem Wagenlenker. Im Klassizismus bildeten die Spiegel ein wichtiges Moment der Inneneinrichtung, und ihre rechteckigen Umrandungen wurden häufig mit mythologischen Medaillons und Figuren verziert.

Rechts Dieser große, vergoldete klassizistische Spiegel aus Italien zeigt einen stolzen Löwenkopf, der in seinem Maul eine Girlande aus Lorbeerblättern hält. Die beiden Vorderpranken des Löwen umfassen den oberen Teil des Spiegels, während sowohl seine Hinterläufe als auch sein Schwanz den unteren Bereich des Spiegels umranden. An den Seiten der Spiegelfassung winden sich zwei Schlangen.

Rechts Bei diesem Drehspiegel mit Ziergiebel handelt es sich um ein Biedermeiermöbel, das um 1810 angefertigt wurde. Der Stuhl ist ein Entwurf von Michael Graves.

PORZELLAN

Die Manufakturen des Empire besaßen ein künstlerisches Niveau, an das höchstens die Bronzegießer heranreichten. Sie entwickelten Techniken, mit denen sich fast zwei Meter hohe Vasen herstellen ließen; ihre Erzeugnisse waren vergoldet, die Henkel und andere Details sorgfältig geformt, und ihre Porzellanmaler und anderen Kunsthandwerker waren so hochqualifiziert, daß sich die verschiedensten europäischen Manufakturen um sie rissen.

Die Porzellanstücke selbst wurden in ganz Europa verbreitet, so daß es im europäischen Porzellandesign, wohl noch stärker als im Möbeldesign, zu einem raschen Gedankenaustausch kam und folglich zu einem einheitlicheren Aussehen der Erzeugnisse. Außerdem herrschte zwischen den einzelnen Manufakturen ein erbitterter Wettbewerb.

Die bemerkenswertesten Stücke stammen nach wie vor, zumindest für die Zeit des Empire, aus der Manufaktur von Sèvres. Dort war es kurz vor der französischen Revolution gelungen, Vasen in Übergrößen herzustellen. Sie wurden in der damals sogenannten Krater- oder Mediciform gearbeitet und sahen aus wie eine Art Kelch, mit stark ausgestelltem Rand, verjüngtem Stil und Fuß und reichlichen Bronzeverzierungen. Obwohl man nach der Revolution in Sèvres offensichtlich keine dieser Vasen mehr herstellte, wurde die Form selbst noch häufig erzeugt. Aus dieser Manufaktur stammten außerdem Vasen in Amphorenform und allerlei Geschirr, von Tellern über Schüsseln bis hin zu Saucieren.

Da die Gönner der Manufaktur von Sèvres meist aus den obersten Gesellschaftsschichten des Empire kamen, war das Design außerordentlich prachtvoll. Auch die Mitglieder der Kaiserfamilie bezogen ihr Porzellan größtenteils aus Sèvres. Jeder andere, der in Napoleons Gunst stehen wollte, folgte diesem Beispiel. Ein für die Königin von Bayern gefertigtes Service ist fast vollständig vergoldet, mit Blütenzweigen und Girlanden in kräftig leuchtenden Farben verziert und mit geschnitzten und vergoldeten Henkeln in Form von Adlerköpfen versehen.

Die Porzellanmanufakturen verwendeten meist die zurückhaltenden klassischen Formen und die typischen Motive des Empire, und doch tauchten manchmal, wie bei dem Service für die bayerische Königin, Motive wie bunte Blumengirlanden auf, die das genaue Gegenteil des Empire zu sein schienen. Aus unerklärlichen Gründen tolerierte man auch solche romantischen Motive, die sich auf diese Weise nicht nur in

Unten Die warme Ausstrahlung des Holzes dieser wunderschönen Biedermeiermöbel findet ihr Pendant in Michael Graves Porzellanservice »Delos«, das mit einem klassischen Dekor verziert wurde und in prächtigen Farben gehalten ist.

Links Zu dieser Sammlung napoleonischen Porzellans aus Sèvres, das im frühen 19. Jahrhundert für Versailles hergestellt wurde, gesellen sich klassisch vergoldete Buchrücken und eine Napoleon-Büste.

Frankreich, sondern in ganz Europa hielten und geradewegs in die sehr viel stärker von Blumenornamenten geprägte viktorianische Zeit überleiteten.

Doch vorerst behielten Empire-Motive die Oberhand. Ob Blumen oder nicht: Ein Stück Porzellan mit Henkeln in Form eines Adlerkopfs kann wohl kaum als süß und romantisch bezeichnet werden. Das Museum der dekorativen Künste in Paris besitzt die Jahrgänge 1796 bis 1815 des Musterkatalogs einer Firma namens »Honoré et Cie«. Die Stiche zeigen Artikel wie Töpfe, Krüge, Tintenfässer, Jardinièren und Teller, und der ganze Katalog wirkt wie ein Handbuch des Empire-Designs. Da gibt es Tassen mit Klauenfüßen, Henkel in Volutenform, die in Masken enden, geschnitzte Löwenköpfe, Akanthusblätter und klassische Motive. Das Porzellan ist mit allegorischen Szenen bemalt, mit klassischen Kameen-Porträts, Delphinen, Lyren und Chimären. Als Grundfarben wurden die Farben des Klassizismus verwendet, wie zum Beispiel pompejanisches Rot, Türkis (wie bei ägyptischen Fayencen) und unterschiedliches, stets sehr sorgfältig ausgeführtes Marmorimitat.

Diese Entwürfe waren für Hartporzellan entwickelt worden, das man erst bei hohen Temperaturen brannte, dann bemalte und anschließend bei niedrigeren Temperaturen nachbehandelte. Hartporzellan war in der Herstellung billiger als Weichporzellan, zum Teil deshalb, weil das Dekor in Heimarbeit aufgemalt werden konnte. Aber die Qualität dieser Arbeiten war sehr hoch, und es ist durchaus möglich, daß die Künstler der Manufaktur von Sèvres, die auch für andere Firmen arbeiten durften, viele weitere Stücke bemalt haben.

Links Bob Patino und Vincente Wolf entwarfen für dieses Porzellan ein Dekor im klassischen Stil. In Anlehnung an Architekturzeichnungen nannten sie es »Plate-O«. Auch die Gläser und das Besteck stammen von Patino und Wolf.

Unten Diese Tischdekoration vereinigt Elemente der Klassik, des Klassizismus und der »Neoclassic«. Zwei klassische Büsten verleihen diesem Gedeck aus dem Porzellanservice »Corinth« von Michael Graves zusätzlichen Glanz.

WÄNDE In der Zeit des Empire wurden die Wände zu eigenständigen Kunstwerken, die von erfahrenen Malern, aber auch von Tapetendesignern gestaltet wurden. Diesen Stil nannte man in England *grotesque*, wobei der Name nichts mit der heutigen Bedeutung zu tun hat. Er bezieht sich vielmehr auf die Wandverzierungen, die man bei Ausgrabungen in antiken Ruinen entdeckt hatte, und die im Italienischen *grottesci* heißen. Die Engländer, besonders Robert Adam, übernahmen diese Dekoration zunächst mit einer größeren Begeisterung als die Franzosen, die diesen Stil *arabesque* nannten. Es gab Zeiten, da wurden die Wände mit Gartenszenen und Gitterwerk so verziert, daß ein Betrachter sich tatsächlich in der freien Natur wähnte. Aber diese Modeerscheinung wich langsam einer eher klassisch geometrischen Stilrichtung, als aktuelle Ausgrabungen mehr Dokumentationsmaterial zu Tage brachten.

Die Wände wurden mit Medaillons und rechteckigen Paneelen verziert und mit symmetrischem Rollwerk und klassischen Motiven umrandet. Sämtliche Dekorationen waren entweder als Flachreliefs gearbeitet oder wirkten wie Reliefs. Darüber hinaus verwendete man Schablonen, vor allem für kleine, dezente Muster auf einer ansonsten kahlen Wand. Sehr bald schon waren diese Wandverzierungen als Tapeten erhältlich – und nicht nur die Muster für die größeren Wandflächen, sondern auch Umrandungem, Friese und klassische Statuen in Nischen. Es gab auch Tapeten, die Seidendraperien imitierten. Die Tapetenhersteller konnten jeden gemalten Effekt in Tapetenform umsetzen.

Die Gestaltung der Wände umfaßte auch die Imitation verschiedener Marmorsorten, Gesteinsarten und Holzmaserungen. Diese Technik hatte zur Folge, daß sich der Einrichtungsstil immer weiter von der architektonischen Ornamentik entfernte. Kaminsimse wurden wieder auf einfache Kaminumrandungen beschränkt, und die offenen Kamine verlegte man in die Wand, so daß sie keinen Vorsprung mehr bildeten. Die geschnitzten Pilaster, die schweren Gesimse, die Supraporten und ähnliche Verzierungen wichen langsam einer eleganteren und zweckmäßigeren Innenarchitektur. Obwohl die klassischen Ornamente immer noch Verwendung fanden, machten sie nicht mehr das Wesentliche einer Einrichtung aus. Dennoch kam man mit diesen Ziertechniken den Interieurs der ausgegrabenen Häuser in Pompeji näher als der vorangegangene Einrichtungsstil.

In den kaiserlichen Gemächern lagen über den Parkettbö-

Oben Dieser Raum wurde von der Firma »Lemeau und Llana« dekoriert und spiegelt in mehreren Details einen klassizistischen Einrichtungsstil wider – angefangen bei den Säulen über die Leisten bis hin zu der *trompe l'œil*-Deckenmalerei, die von dem Künstler Michael Tyson-Murphy angefertigt wurde.

den Savonnerie-Teppiche, wie sie schon die französischen Herrscherfamilien vor Napoleon besaßen, gewebte Gobelins in kräftigen Farben mit einer Rosette in der Mitte. Auch wenn sich die wenigsten Menschen echte Savonnerie-Teppiche leisten konnten, so hatten viele doch einen Teppich im Savonnerie-Stil, wie sie in Brüssel, Tournay oder in Aubusson gewebt wurden. Alle Teppiche spiegeln klassizistische Einflüsse wi-

Unten Das Sims dieses modernen Wohnzimmers unterscheidet sich kaum von den Entwürfen aus der Zeit des Empire – hier handelt es sich um ein schlichtes, ungekünsteltes, klassisches Säulenmuster, das auch in der übrigen Einrichtung wieder aufgenommen wird.

der, und obwohl sie aufgrund ihrer kräftigen Farben eindeutig zum Empire zählen, hinterlassen sie einen weniger starken Eindruck als viele andere Entwürfe des Empire. Das kann daran liegen, daß Percier und Fontaine sich nie an der Kreation von Teppichmustern versucht haben, und vielleicht war es auch besser so. Denn Teppiche, die den Einflüssen des Empire ausgesetzt gewesen wären, hätten ein Zimmer möglicherweise eher wie ein Schlachtfeld wirken lassen als wie einen Wohnraum.

Mittlerweile verwendete man auch Maschinen zur Herstellung von Teppichen, obwohl es noch keine dampfbetriebenen, sondern nur mechanische Webstühle gab. Nichtsdestotrotz fertigte man sowohl Schlingen- als auch Knüpfteppiche an. Allerdings konnten sie nur sehr schmal gewebt werden und mußten anschließend zusammengenäht werden, so daß ihre Muster notwendigerweise klein blieben und sich häufig wiederholten. Ironischerweise wurden auch bei handgewebten Teppichen maschinengefertigte Muster übernommen.

Ganz links Eine Wand dieses modernen Schlafzimmers wurde mit einer speziell bedruckten Tapete ausgekleidet, die wie ein Wandbehang aus drapierter Seide in einem gebrochenen Weiß wirkt – dieser Kunstgriff wurde schon zu Zeiten Napoleons angewandt und verweist auf die Draperien, die die Betten während der Empire-Zeit umgaben.

Links Das Deshon-Allyn House ist reich an Zierstücken aus der Zeit des amerikanischen Empire, einschließlich einiger Originalteppiche und Tapeten im Eßzimmer und in der Diele.

STOFFE Die Popularität von Musselin und bedruckten Baumwollstoffen im späten 18. Jahrhundert hatte die französische Seidenindustrie in Schwierigkeiten gebracht. Napoleon reagierte darauf, indem er den Fabriken in Lyon große Aufträge erteilte. Er bevorzugte Satin in den Farben Goldgelb, Leuchtendgrün und Purpurrot, entweder unifarben oder mit kleinen Mustern. Weiß war ebenfalls sehr beliebt, was damit zusammenhing, daß man mit dem Klassizismus Reinheit und Tugendhaftigkeit verband. Aber diese Farben bildeten nur einen kleinen Teil der damaligen Modefarben. Madame Récamiers *bateau en lit* war umgeben von wahren Kaskaden violetter, gelbrosa und schwarzer Seide, und ein von Darrac im Jahre 1809 für Napoleon gepolstertes Bett bestand aus Seide in der Farbe von Zitronenholz mit fliederfarbenen Sternen und einem silbernem Brokatsaum auf einem ebenfalls fliederfarbenen Hintergrund. Um das Jahr 1807 wurde das Grand Cabinet des Kaisers in einer Farbe ausgekleidet, die man *tabac d'Espagne* nannte, möglicherweise ein helles Braun, das man mit Blau und Gold einfaßte.

Die meisten von Napoleons Ausgaben dienten der Sanierung des französischen Handwerks. Als Folge seiner Wiederbelebungsversuche der französischen Seidenindustrie wurden seine und viele andere französische Residenzen mit seidenen Draperien ausgestattet – eine Mode, die sich, wie alle französischen Moden, in ganz Europa verbreitete.

Die Draperien eines Raumes endeten nicht immer am Gesims. Man drapierte die Räume von oben bis unten, mit Faltenbahnen, die in der Mitte des Plafonds zusammenliefen und dadurch einem Zelt ähnelten. Dieser Stil wurde während der Empire-Zeit unglaublich populär. Obwohl die sogenannten Zeltsalons zunächst eine Domäne von Männern mit militärischen Vorlieben waren, setzten sie sich auch bei den Damen immer mehr durch. Percier und Fontaine entwarfen im Jahre 1802 solch ein Boudoir für die Prinzessin de Courlande, nachdem sie vorher schon den Sitzungssaal und das Vestibül im Schloß Malmaison mit blauweiß gestreiftem Köper ausgehängt hatten.

Die Polsterer dieser Zeit beschränkten sich nicht auf Wand- und Bettbehänge, sie wurden auch bei Fensterdekorationen gefordert. Im allgemeinen begann die Komposition eines Fensterbehanges mit dem Querbehang, der entweder gefältelt oder als Girlande gehängt wurde und den man zusätzlich mit Fransen oder Troddeln versah. Unterhalb des Querbehangs

Ganz links Dieser von Lemeau und Llana dekorierte Raum wird durch einen im klassizistischen Stil drapierten Vorhang bestimmt. Die Doppelflügeltür unter dem Ziergiebel auf der rechten Seite verbirgt einen Wandschrank, der neben einer Bar auch Stauraum enthält.

Links Bei den Stoffbezügen handelt es sich um einen modernen Seidenmoiré, die Vorhänge am Fenster weisen dagegen ein authentisches, klassizistisches Muster auf. Die Stoffpaneele an den Wänden sind mit einem gestreiften Brokatdamast von Rose Cumming bezogen.

hing der Vorhang, der ebenfalls reichlich mit Fransen versehen war. In vielen Fällen benutzte man dekorative Schnürungen oder Klammern, um den Behang in Form zu halten, und hängte ihn an einer Vielzahl von Stangen, Stäben, Ringen und Kreuzblumen auf. Wenn eine Wand mehr als ein Fenster hatte, konnte der Behang auch in einem dekorativen Muster von Fenster zu Fenster führen.

Muster von Seidenstoffen und Tapisserien, die im Jahre 1811 in Auftrag gegeben worden waren und genau zum Zeitpunkt des Zusammenbruchs von Napoleons Kaiserreich fertiggestellt wurden. Die Seidenwaren befinden sich heute im Mobilier National in Paris. Die Sammlung enthält Stoffbahnen von ca. drei Metern Länge, die am unteren Ende mit einer zusätzlich angefügten Zierleiste abschließen.

Links Die Fülle der französischen Vorhänge aus Seidentaft – die drapiert und mit Fransen verziert wurden, als hätten Percier und Fontaine selbst Hand angelegt – verleihen diesem Zimmer ein überzeugendes klassizistisches Profil.

Links Diese von Richard Gillette entworfene Einrichtung im Stil der »Neoclassic« wurde mit einer eindrucksvollen Beleuchtung und Draperien versehen, die den Geist des Klassizismus widerspiegeln. Die Baumwollgaze hat man plissiert und mit Dampf behandelt, um so ein transparentes Erscheinungsbild zu erzielen.

KAPITEL

FÜNF

IM STIL DES KLASSIZISMUS

– ZEITGENÖSSISCHE WOHNKULTUR –

REGENCY Reprise. In Anbetracht der Extravaganz des Empire und seiner Neigung zum Pompösen hätte niemand ernsthaft geglaubt, daß dieser Stil es heute zu solcher Beliebtheit bringen würde. Doch Empire-Möbel und moderne Variationen finden sich in allen möglichen Interieurs, angefangen von Stilsalons, die vor Antiquitäten überquellen, bis hin zu modernen Wohnzimmern, bei denen der Lack der Möbel kaum trocken ist und die sich doch von fast zweihundert Jahre altem Design inspirieren ließen.

Das Haus von David Easton ist ein wundervolles Beispiel für die Verwendung antiker Möbelstücke in einer Umgebung, die nicht ganz »stilrein« ist. Noch in den frühen siebziger Jahren konnte man schöne Regency-Stücke zu vernünftigen Preisen erwerben. Easton kaufte sich als erstes einen vom *Klismos* inspirierten Stuhl, dessen Lackierung an Rosenholz erinnerte. Mittlerweile hat er sein ganzes Appartment mit Regency-Möbeln eingerichtet.

Von ihrer Anlage her scheint die Wohnung wenig mit klassischen Möbeln oder Regency zu tun zu haben. Die fehlende Großräumigkeit ist jedoch durch entsprechendes Einrichtungsgeschick wettgemacht worden. Der klassizistische Stil spielt dabei eine wichtige Rolle. Von den schönen Regency-Stücken bis zur Gestaltung der Fenster ist die gesamte Ausstattung der Wohnung klassizistisch inspiriert. Ein großer Teil der Möbel stammt aus dem Regency, und auch die Girlanden und Jabots der Vorhänge sowie die gestreiften Tapeten sind typisch für diesen Stil. Viele der Accessoires sind, wenn auch nicht im strengen Sinne Regency, so doch von der Art, wie man sie in einer Wohnung der damaligen Zeit hätte finden können.

Trotz der herrlichen Stilmöbel ist die Wohnung von David Easton keineswegs eine Reproduktion der englischen Wohnkultur des frühen 19. Jahrhunderts. Man kann sich schwerlich ein Regency-Wohnzimmer mit Bücherstapeln auf dem Fußboden oder hinter dem Sofa oder mit einem Korb voller Brennholz neben dem Kamin vorstellen. Kein Zweifel, diese Wohnung wurde eingerichtet, um darin zu leben. Sie stellt nach Eastons eigenen Worten »eine Mischung aus Stil und Gemütlichkeit« dar.

Oben Diese Wohnung ist angefüllt mit gefälligen klassizistischen Akzenten, angefangen bei den ägyptischen Motiven auf der Marmoreinfassung des Kamins im Stil des französischen Konsulats bis hin zu der Terrakottabüste (oben rechts) aus dem Regency, die den römischen Hausgott Janus darstellt.

Unten Durch das kräftige Rot der Tapete wirkt dieses Wohnzimmer, das nur wenig natürliches Licht hat, wesentlich wärmer; die Streifen lassen den Raum höher erscheinen. Die Zierleisten sind marmoriert, wie es im 19. Jahrhundert üblich war. Die Girlanden und Jabots der Fensterdekoration sind ebenfalls typisch für diese Zeit.

Rechts Einer von zwei im Sheraton-Stil lackierten Gainsborough-Stühlen steht auf einem bessarabischen Teppich. Daneben sieht man einen scherenförmigen, hochlehnigen Regency-Sessel, den Easton als Chauffeuse oder Kaminsessel bezeichnet. Auf diesen niedrigen, klassizistisch inspirierten Sesseln wird es am Feuer richtig gemütlich.

Links An der Tischecke erkennt man die Scagliola-Tischplatte mit griechischen Vasenmotiven. Scagliola ist eine alte Technik, bei der Marmorsplitter mit anderen Bestandteilen zu einer Masse vermischt werden, die wie Marmor wirkt. Links sieht man ein Regency-Schränkchen mit vergoldeten Sphingen, in der Mitte den vom *Klismos* inspirierten Stuhl, der das erste Stück in Eastons Regency-Sammlung war.

EMPIRE Emphase. Kaum jemand würde beim ersten Blick darauf kommen, daß dieser Raum von einem Designer gestaltet wurde, der für zwei bedeutende Architekten der Moderne gearbeitet hat, für Marcel Breuer und Eero Saarinen. Saarinen hat neben anderen Arbeiten das TWA Terminal Building auf dem John F. Kennedy Flughafen in New York gebaut; die bekannteste Arbeit von Breuer ist sein Stahlrohrstuhl »Wassily« aus dem Jahre 1928. Doch zwischen der Moderne und dem, was Robert K. Lewis aus diesem Raum gemacht hat, scheint zunächst keine Verbindung zu bestehen.

Aber vielleicht ist dieses Interieur gar nicht so weit von den Vorstellungen der beiden Repräsentanten der Moderne entfernt, wie es auf den ersten Blick scheint. Lewis spricht von einem »zeitgenössischen Raum mit historischer Perspektive«. Die typisch moderne Beschränkung auf das Wesentliche ist hier spürbar – cremefarbene Wände, ein Fußbodenbelag aus Kokosfaser, minimale architektonische Details. Auch die räumliche Aufteilung könnte aus der Moderne stammen, und kommt doch zugleich dem Empire verblüffend nahe. Die *Klismos*-Stühle aus lackiertem Holz sind schlicht an der Wand aufgereiht, und auch die sogenannten »Slipper Chairs« stehen in Reih und Glied – eine Anordnung, die zur Zeit des Empires weit verbreitet war. Jean-Antoine Houdons Lafayette-Büste wird von zwei Fenstern flankiert, vor denen wiederum eiserne Jardinièren aus dem 19. Jahrhundert stehen. Damit wird ein Effekt erzielt, dem Percier und Fontaine – und sicherlich auch Breuer und Saarinen – Beifall gezollt hätten: klar, unverschnörkelt, geradlinig.

Lewis macht auf einen anderen Aspekt aufmerksam, der diesen Raum davor bewahrt, zu einem reinen Stilsalon zu werden: »Ich schaffe gern Gegensätze, zum Beispiel zwischen luxuriösen Materialien wie den Damastvorhängen und einfacheren Materialien wie den Kokosmatten, oder zwischen der aufwendigen Gestaltung der Fenster und den zurückhaltenden ›Slipper Chairs‹, die wirklich modern aussehen.« Demnach gibt es in den Details viele historische Bezüge. Die Lafayette-Büste steht auf einem Piedestal, dessen eindeutig klassizistische Züge bis hin zum Marmorimitat reichen. An der Vorderseite des Piedestals hängt ein Miniaturportrait des französischen Empire-Künstlers Saint Memin. Es stellt Benjamin Harrison dar, den Mann, der als Geste des Dankes für Lafayettes Hilfe während der Amerikanischen Revolution die Büste in Auftrag gab.

So besteht der Reiz dieses Raums darin, daß es seinem Schöpfer gelungen ist, auf der Basis der modernen Architektur ein Interieur mit deutlich traditionellen Zügen zu gestalten. Wie Lewis selber sagt: »Wir sind alle Kinder unserer Zeit. Ich kann nicht leugnen, von der Moderne tief beeinflußt worden zu sein, aber in letzter Zeit interessiere ich mich sehr für die Zeit Thomas Jeffersons. Dieser Raum ist eine kleine Hommage an den Stil jener Zeit.«

Links Vor den kunstvoll mit Seidendraperien verzierten Fenstern stehen zwei Jardinieren aus dem 19. Jahrhundert. Die Lafayette-Büste von Jean-Antoine Houdon symbolisiert den französischen Einfluß auf die amerikanischen Inneneinrichtungen der damaligen Zeit.

Rechts *Klismos*-Stühle aus lakkiertem Holz säumen eine Wand dieser dekorativen Hommage an die Zeit Jeffersons in Amerika. Die gerahmten Architekturmotive bezeugen das Interesse des Designers Lewis am Klassizismus.

DEZENT Antik. Die Begriffe »traditionell« und »zeitgenössisch«, die ihren festen Platz in jedem kunstgeschichtlichen Lexikon haben und gerne zur Abgrenzung gegenläufiger Stilformen benutzt werden, sind so unbestimmt, wie Definitionen es nur eben sein können. Die Trennungslinie dazwischen ist bestenfalls verschwommen und vereitelt jeden Versuch einer Klärung. Daß wir es hier mit Stilen zu tun haben, die so voller historischer Anspielungen sind wie der Neoklassizismus, macht die Sache kein bißchen einfacher.

Letzten Endes ist es allerdings unwahrscheinlich, daß es zu einem wirklichen Disput darüber kommen kann, unter welche Kategorie ein bestimmter Entwurf nun fällt. Kategorien sind zwar ein geeigneter Ausgangspunkt für Diskussionen, aber jede ernsthafte Auseinandersetzung wird darauf hinauslaufen, ob und warum eine Einrichtung gut gelungen ist oder nicht.

Wenn man Gary Hager nach den Zielen seiner Interieurs fragt, dreht sich seine Antwort stets um den Begriff der Ruhe – ein Begriff, der einem bei der Betrachtung klassizistischer Möbel nicht ohne weiteres in den Sinn kommt. Aber Hager erklärt: »Ich bevorzuge Möbel ohne vergoldete Bronzebeschläge oder Schnitzereien.« Daher ist sein Material »sehr schlicht. Diese Möbel sind auch ohne Verzierungen schön und ausgesprochen ehrlich.« Und so wirken auch die Räume, die er gestaltet.

Dieser Raum protzt weder mit einem Übermaß an architektonischer Ornamentik noch mit einem besonderen Einzelstück, wie etwa einem kunstvoll gearbeiteten Kaminsims oder einer auffallenden Fenstergruppe. Der Innenarchitekt konnte die Wohnung ganz nach seinen Vorstellungen gestalten. Hager versetzte Wände und Türöffnungen, um die Räume »so regelmäßig wie möglich« wirken zu lassen, »damit sie besser mit Möbeln zusammenpassen, die architekturorientiert sind«.

»Ich versuche, mich nicht von der Mode beeinflussen zu lassen«, sagt Hager. »Es ist nun einmal so, daß ich Antiquitäten und klare Linien liebe. Sie sind zeitlos, und ich halte nichts davon, einen Raum jedesmal umzugestalten, wenn eine neue Mode aufkommt.«

Links Hager stellt die Antiquitäten im Wohnzimmer in einen zeitgenössischen Rahmen. Der antike Regency-Tisch, der offene Louis-Philippe-Lehnstuhl und die Bergère aus der Zeit des Ersten Konsulats wird durch nachgebaute Directoire-Stühle in bemalter und gesandstrahlter Eiche ergänzt.

Unten Diese zwei x-förmigen Hocker stehen im Schlafzimmer. Auch hier findet man, wie in der übrigen Wohnung, eine Mischung verschiedener Stile bis hin zu modernen Stücken.

Links Die dunkelgrüne, satinierte Tapete in der Diele verleiht dem dahinterliegenden Wohnzimmer mit seinen hellen Farben eine gewisse klassizistische Heiterkeit. Die Holzdielen und die kahlen Wände verhindern, daß die Wohnung vollgestopft wirkt. Hager meint dazu: »In dieser Wohnung gibt es keinen Schnickschnack.«

DECO ECHO

Genau wie eine Reihe von Faktoren einen Raum als »traditionell« ausweist, gibt es ganz bestimmte Merkmale des zeitgenössischen Designs. Z. B. vermitteln Leuchtschienen, nüchterne, schmucklose Wände und ein lackierter Parson-Tisch selbst in einem Raum voller Antiquitäten eine klare Botschaft; und oft werden Objekte für andere Zwecke eingesetzt als ursprünglich gedacht – etwa Säulenkapitelle als Tischbeine. Im modernen Design dreht sich alles um das Ausprobieren neuer Ideen, und der Spaß liegt darin, daß alles erlaubt ist.

Wenn man manchen klassizistischen Möbeln vorwerfen kann, sie seien überladen, so können sie im Rahmen einer modernen Inneneinrichtung sozusagen wieder auf den Teppich gebracht werden. Umgekehrt kann man heutzutage, da das Design den Gipfel der Nüchternheit erreicht hat, durch ein oder zwei Stühle mit Schnitzereien und vergoldeten Sphingen die Atmosphäre etwas auflockern. Beides ist möglich.

Die meisten Innenarchitekten werden zugeben, daß es immer der Raum ist, der die Richtung für den Entwurf bestimmt. Für Ronald Bricke, einem erklärten Bewunderer des Klassizismus, war der Auftrag zur Einrichtung einer ganz symmetrisch ausgerichteten Wohnung ein leichtes Spiel. Die Räume verlangten geradezu nach Möbeln, die ebenso symmetrisch waren. Für Bricke hieß das nicht nur Klassizismus des 19. Jahrhunderts, sondern auch Art Deco. Er findet, daß beide Stile sich in ihrer Art sehr ähnlich sind, nämlich »entweder äußerst schlicht und architektonisch oder sehr dekorativ, in jedem Fall aber nicht nur klassizistisch, sondern klassisch«.

Bricke fügt hinzu: »Weil die Formen und Abmessungen so mächtig sind, kann man diesen Möbeln entweder viel Raum geben, um sie als Einzelstücke wirken zu lassen, oder sie in einen opulenten Kokon einspinnen, so daß sie mit ihrem Hintergrund verschmelzen.« Bei dieser Wohnung mit ihren hohen Decken, strengen Mittelachsen und ihrer Geräumigkeit hat er sich für die erste Möglichkeit entschieden. So gehen alle Akzente von den Möbeln aus, ohne daß der Eindruck entsteht, daß die Räume voller Einzelstücke stehen. Der Zusammenhang zwischen der Symmetrie der Räume und den dazu passenden Formen und Furnieren der Möbelstücke ist gewahrt.

Links Trotz der exotischen Note des Leopardenfells ist der Raum zurückhaltend – cremefarbene Wände mit weißen Zierleisten, Creme auch als vorherrschende Farbe bei der Polsterung. Trotz seines kräftigen Grüntons tritt der Teppich nicht in Konkurrenz zu den Möbeln.

Unten Zwei Biedermeier-Armsessel flankieren einen Tisch mit doppelten Piedestalen im gleichen Stil mit ähnlich reich gemasertem Holz. Die beiden Lampen mit vergoldeten Bronzefüßen und die beiden Zierstücke auf dem Tisch vervollständigen das symmetrische Arrangement. Darüber sieht man eine österreichische Uhr aus dem 19. Jahrhundert auf einer Wandkonsole.

Rechts Ein Art Deco-Schränkchen steht als Einzelstück auf einer Seite, das Gegengewicht dazu wird von einem Tisch mit Marmorplatte aus dem 19. Jahrhundert gebildet. Der Spiegel und die beiden Wandkonsolen runden den symmetrischen Eindruck ab.

Ganz rechts Im Schlafzimmer steht eine kleine Biedermeier-Frisierkommode in Vasenform, die wie eine Skulptur wirkt.

KLASSIK auf engem Raum. In dieser Wohnung wurden klassizistische Elemente nur als Zitat verwendet, denn es gibt nur wenige klassische Motive, und selbst diese sind eher angedeutet als klar erkennbar. Wie bei so vielen New Yorker Wohnungen ist auch hier Platzmangel das Hauptproblem. Wenn das nicht mehr sofort auffällt, so ist das dem Einfallsreichtum des Architekten und des Designers gleichermaßen zu verdanken.

Die ersten Arbeiten an dieser Wohnung bestanden darin, die Wände erst einmal vollständig einzureißen. »Im Grunde genommen«, sagt die Designerin Victoria Borus, »ist innen wie außen fast alles neu.« Die jetzige Balkonbrüstung war vorher eine Stuckwand, und die klassische Atmosphäre dieser Brüstung gab den Anstoß für die Gestaltung der ganzen restlichen Wohnung.

»Außer den Säulen, von denen nur eine eine tragende Funktion hat, gibt es nichts streng Klassisches an dieser Wohnung«, sagt Victoria Borus. »Aber die Raumaufteilung ist sehr streng und axial, was meiner Meinung nach den Eindruck von Klassizismus bewirkt.« Und wie jeder, der mit Innenarchitektur zu tun hat, bestätigen wird: sobald man die Struktur, »das Skelett« eines Raumes gefunden hat, ergibt sich der Rest wie von selbst.

Deshalb kann eine Wohnung, wie in diesem Fall, einige Symbole der Moderne – mit Teppichboden belegte Podeste, kahle cremefarbene Wände, eine Bauhauslampe – enthalten, wie auch das Sofa mit vergoldetem Rahmen und die französischen Stühle aus den zwanziger Jahren, antike Vasen und französische Eßzimmerstühle aus dem 19. Jahrhundert. Und, um noch einmal die Designerin zu zitieren, das Gelingen dieser Inneneinrichtung ist gerade der Tatsache zu verdanken, »daß die Wohnung so klein ist. Und dennoch besitzt sie Stil.«

Links Die Säulen verleihen dieser von Victoria Borus in Zusammenarbeit mit »Red Roof Designs« eingerichteten Wohnung eine klassische Atmosphäre. Die oberen Rundleisten um die Säulen sind den v-förmigen Fensterstreben nachempfunden.

Unten In einer Mischung verschiedener Kulturen ziert ein japanischer Seidenobi aus dem 19. Jahrhundert den Eßtisch, auf dem mit italienischem Marmorpapier verzierte Bleistifte für eine gewisse Ornamentik sorgen. Obelisken, klassische silberne Kerzenhalter und französische Fauteuils aus dem 19. Jahrhundert verleihen der Einrichtung einen Hauch von Empire. Schwanenköpfe sind typisch für Empire-Design und außerdem ein bevorzugtes Motiv des Auftraggebers.

Links Die Badezimmerarmaturen mit den Hähnen und Griffen in Form von Schwanenköpfen sind eine Sonderanfertigung. Sie passen zu den Beschlägen in der übrigen Wohnung, etwa den Tür- und Fenstergriffen.

Rechts Die Schwanenköpfe, die man auf der Terrasse erkennen kann, sind Teil der Rückenlehnen von italienischen Gartenklappstühlen aus dem neunzehnten Jahrhundert. Die Teetasse stammt aus den fünfziger Jahren, aus der Tiffany-Serie »Black Victoria«, die Badetücher sind aus Frankreich.

ITALIENISCH inspiriert. Das Haus von Michael La Rocca besitzt keine hohen Decken, Fußleisten, Gesimse oder Holzvertäfelungen. Es würde La Rocca auch niemals einfallen, solche Elemente künstlich einzufügen. Seiner Meinung nach wäre dem Haus damit »ein sehr schlechter Dienst erwiesen, etwa so, als würde man eine kleine, dicke Frau in ein knöchellanges Goldbrokatkleid stecken.«

»Die Fassade des Hauses«, so La Rocca weiter, »ist eine ganz einfache Form aus Glas und Zedernholz, und es ist von einem hohen Kiefernwald umgeben.« Aufgrund dieser Beschreibung würde man eher an ein Interieur denken, dessen Vorbilder in Oregon, Maine oder Skandinavien zu finden sind. Seine Inspirationen dagegen hat La Rocca von seinen Reisen in die alten Städte Italiens mitgebracht.

»In Städten wie Florenz sieht man Häuser, die von außen äußerst einfach und bescheiden wirken. Aber sobald man über die Schwelle tritt, ist man in einer völlig anderen Welt. So wollte ich es auch hier haben. Dieses ist ein einfaches Haus, aber wenn man hereinkommt, trifft man auf etwas völlig Unerwartetes.« Das stimmt, denn das Innere birgt eine Kollektion erlesener klassizistischer Möbel.

Und einmal mehr ist der strenge Sinn für Symmetrie der entscheidende Punkt, den La Rocca von Anfang an im Auge hatte. Das Wohnzimmer, das er anbaute, orientiert sich an einer Mittelachse vom Haupteingang zum Kamin. Alle anderen Architekturelemente – große Glastüren, Bücherregale und Fenster – liegen entweder parallel oder im rechten Winkel zu dieser Achse, und sie haben alle die gleiche Höhe.

Die Möblierung folgt dieser Idee. Sie unterstreicht die Achsen des Raumes und ist fast einheitlich rechtwinklig angeordnet. Die einzigen Abweichungen von diesem Prinzip bilden zwei große, gepolsterte Armsessel, die schräg rechts und links vom Kamin stehen, wobei jeder für sich die Ecke eines streng quadratischen Arrangements markiert.

Das Ergebnis mag zwar etwas steif und brav klingen, ist aber gemütlich und ermöglicht La Rocca, sehr unterschiedliche Möbel zu verwenden, wobei die Empire-Gruppe die größte Kühnheit an den Tag legt. »Das ist«, wie er erklärt, »ein ziemlich unorthodoxer Gestaltungsansatz. Ich habe das Haus mit Dingen gefüllt, mit denen ich gerne wohne, und deshalb ist es eine ganz bestimmte Mischung aus Stilen und Formen.«

Oben Hier sieht man einen italienischen Empire-Stuhl mit Schnitzereien und Vergoldungen, der gepolstert und mit großblumigem Stoff überzogen wurde. Die sorgfältig geschnitzte Konsole stammt zwar aus Irland, trägt aber ebenso wie die geschnitzte und vergoldete Brillantenrosette mit eingesetztem Spiegel zu der gelungenen Mischung verschiedener Stile bei.

Unten Im Eßzimmer wird eine interessante neoklassizistische Note dadurch erzeugt, daß eine römische Büste und eine Skulpturengruppe aus kannelierten Säulen einen Satz Biedermeier-Stühle ergänzen.

MINIMAL Art. Wenn Bob Patino und Vincente Wolf für ihre Interieurs Empire-Möbel verwenden, gehen sie damit genauso um wie ein erfahrener Koch mit scharfen Gewürzen: sie werden sparsam verwendet. Beide Innenarchitekten sind der Meinung, daß man diesen Stil nur so richtig würdigen kann. Die Strategie von Patino und Wolf läuft auf klare, sparsame, moderne Innenarchitektur hinaus, in die hier und da Antiquitäten eingefügt werden. Auf diese Weise, sagen sie, erdrücken die Einzelstücke nicht den Raum und ihr individueller Charakter kann sich voll entfalten. Patino und Wolf sind der Meinung, daß die durchgängige Einrichtung mit Stilmöbeln etwas Künstliches an sich hat. Da »Lifestyle« sich eigentlich um modernes Design dreht, sollten Stilmöbel heutzutage in den Rahmen moderner Innenarchitektur integriert werden.

Alles in diesem Strandhaus ist dazu angetan, seine herrlichen Stilmöbel zu betonen und zur Geltung zu bringen. Der bewußte Kontrast zwischen den Empire-Stücken und dem Rest des Hauses beginnt schon damit, daß der Fußboden mit rohen, unregelmäßigen Steinplatten belegt ist, und setzt sich fort in den weißen Wänden und Decken, die durch Spritzlakkierung makellos glatt sind. Die Möbel in diesem Raum sind meist elegant und modern, wobei Akzente durch Empire-Stücke gesetzt werden, die schon allein dadurch auf sich aufmerksam machen, daß man sie in diesem Zusammenhang nicht erwartet hätte.

Wie wertvollen Skulpturen wurde ihnen Platz gelassen, um sich zu entfalten; die Säulen am Eingang zum Wohnzimmer etwa treten gegen die kahlen Wände und weißen Möbel deutlich hervor. Der Stuhl hinter den Säulen besitzt durch seinen weißen Leinenbezug Anklänge an das Empire, obwohl ein echter Empire-Stuhl weitaus luxuriöser bezogen worden wäre. Die traditionelle Verwendung eines modernen Spiegels an der Hinterwand des Raums bringt den Ozean mit seinen herrlichen Lichtreflexen mitten ins Zimmer.

Mit ihrer sparsamen Gestaltung erweisen Patino und Wolf dem Empire ausgiebig ihre Reverenz: Sie heben seine Besonderheit hervor, und, was noch wichtiger ist, sie betonen unser modernes Verlangen nach seinen Einflüssen.

Oben Das elegante Badezimmer wird von einer französischen Kupferbadewanne aus dem 18. Jahrhundert beherrscht. Die übergroßen Badetücher über dem Sessel erinnern an die Draperien des Klassizismus, und die Sphinx fügt dem noch einen amüsanten napoleonischen Ton hinzu.

Unten Die herrlichen Schnitzereien dieser Originalsäulen aus dem 19. Jahrhundert verleihen diesem ansonsten minimalistischen Raum eine besondere Note. Dahinter sieht man einen von Patino und Wolf entworfenen weißen Leinenstuhl.

KAPITEL

SECHS

NEOCLASSIC: DIE NEUE KLASSIK

RÖMISCHE Romanze. Die Innenausstattung, die Tom Fox und Joe Nahem für dieses Haus entworfen haben, zeigt treffend, daß der Klassizismus wunderbarerweise mit jeder anderen Stilrichtung harmonieren kann. Obwohl sie selbst dabei ihren eigenen Charakter behält, betont sie doch den anderen Stil und verleiht ihm zusätzliche Eleganz. Hier entsteht eine romantische Pracht, die durch klassische Linien und Formen verfeinert wird.

Das Wohnzimmer dieses um 1920 errichteten Hauses wurde mit klassischen Baumaterialien verkleidet: Die Wände sind mit Fresken verziert und mit einer Patina aus Bienenwachs versiegelt, und der Fußboden besteht aus französischen Kalksteinplatten. Doch trotz dieser klassischen Elemente schwelgt der Raum in einer romantischen Aura.

Der moderne Nachbau eines Sofas aus dem Anfang dieses Jahrhunderts setzt einen lyrischen Akzent und hebt so die romantischen Elemente hervor, angefangen bei dem französischen Damastüberzug eines von Fox und Nahem entworfenen Stuhls bis hin zu einem impressionistischen Gemälde. Inmitten einer neoklassizistischen Umgebung betonen diese gefühlvollen Formen die weichere Seite dieser sonst eher rationalen Stilrichtung, wie z. B. die schwungvollen Kurven der antiken, dreifüßigen Gartentische. Die mit Moos und Terrakotta verzierten echten Robert-Adam-Vasen aus dem späten 18. Jahrhundert zeigen ebenfalls eine eher beschwingte Seite des Klassizismus.

Allerdings nutzen Fox und Nahem auch die geraden Linien des Klassizismus, indem sie Stücke mit sehr klaren Formen entwerfen. Das beste Beispiel dafür ist vielleicht die Truhe im Wohnzimmer. Sie besteht aus gesandstrahltem Stahl und hat ein aufgesetztes, klassisches »Dach«. Die Truhe nimmt so das Gittermuster auf, das im ganzen Haus zu finden ist und sich bis in die silbernen Polster der französischen Consulat-Stühle im Wohn- und Eßzimmer fortsetzt. Diese zeitgemäße und zugleich praktische Truhe (sie enthält eine Stereoanlage, für die sie auch ursprünglich entworfen wurde) paßt gut zu den Regency-Spiegeln, den alten Opalglas-Lampen und einem antiken Tablett aus Sheffieldsilber.

Fox und Nahem verwenden in ihren Arbeiten gerne klassische Elemente, da diese einem modernen Design die Schärfe und den Anschein des Neuen nehmen. Dieses Haus kommt einem Beweis ihrer Aussage sehr nahe.

Links Im Badezimmer sieht man die andere Seite der gekreuzten Quadrate und die klassischen Kantenvorsprünge des Fresko, das im Schlafzimmer Verwendung fand. Bis auf die Ablagefläche aus französischem Kalkstein handelt es sich um moderne Armaturen.

Oben Die französischen Eßzimmerstühle aus dem Ersten Konsulat präsentieren die kurze Periode zwischen dem Directoire und dem Empire. Die Stühle stehen um einen Tisch, dessen Platte aus französischem Kalkstein besteht. Bei dem Kronleuchter aus mundgeblasenem Glas handelt es sich um einen Entwurf von Fox und Nahem. Insgesamt besitzt das Mobiliar eine durch und durch klassische Aussage, umgeben von modernen Wänden.

Links Im Schlafzimmer betonen die Designer durch dieses effektvolle Fresko die Großartigkeit des Klassizismus. Durch ihre Höhe von beinah 4,60 m bringt diese Arbeit nicht nur symbolisch architektonische Elemente ins Haus.

Rechts Die gekreuzten Quadrate, die den Eingang zum Eßzimmer umrahmen, führen das klassische Gittermuster weiter, wobei sie der Geometrie des Klassizismus eine moderne Interpretation geben. Das stählernde Aussehen der Quadrate wurde durch Metallic-Lack erzielt.

Links Die aus Rotguß gefertigten, antiken dreifüßigen Gartentische vor dem Sofa stammen aus dem französischen Empire. Sie passen hervorragend zu dem französischen Konsulat-Stuhl links. Aufgrund seiner sich verjüngenden Hinterbeine, der geraden Rückenlehne und der durch Metallkugeln unterstützten Vorderbeine ist der Stuhl ein klassizistisches Musterbeispiel.

POSTMODERNE Klassik. Die Wohnung des Designers Michael Kreiger entspricht den für den Klassizismus typischen Prinzipien: Symmetrie, Förmlichkeit und strenge Linienführung. Es ist ein amüsanter Widerspruch, daß dieser Effekt oft mit radikalen zeitgenössischen Mitteln erreicht wird. Die daraus entstehende Harmonie ist ein Beweis für die innere Spannung des Klassizismus, aber auch für die Gemeinsamkeiten beider Stilrichtungen.

Kreiger lernte auf die Verwendung geometrischer Formen zu vertrauen und entdeckte dabei aufs neue die Bedeutung von Metall. Die moderne Anwendung hat die geraden Linien und die Grundformen, beides Marksteine des Klassizismus, zu neuem Leben erweckt und sie durch die Figur des Kreises ergänzt, die in klassischen oder klassizistischen Einrichtungen nicht üblich war. Der Kreis als Ablehnung des modernistischen Kubus ist ein Kennzeichen der Postmoderne, das sich gut mit den eher winkligen Formen des Klassizismus verbin-

den läßt. Was die Metalle angeht, so waren sie wegen ihrer Seltenheit der Mittelpunkt eines jeden klassischen oder klassizistischen Möbelstücks, in dem sie verwendet wurden. In unserer nachindustriellen Zeit sind Metalle aus anderen Gründen wichtig – wir sind es gewohnt, uns überall mit ihnen zu umgeben. Diese Wohnung verbindet auf elegante Art alte und neue Gesichtspunkte der Verwendung von Metall.

Metalle findet man überall, besonders als aufgelesene Souvenirs. Im Schlafzimmer zieren der Stoßdämpfer eines Lastwagens und eine Bowlingkugel aus Mahagoni eine Truhe, und ein von Kreiger auf eine schwarze Fläche montierter Lüftungsrost wird zum Kunstgegenstand. Das schmiedeeiserne und mit Blattgold überzogene Bettgestell, das in den vierziger Jahren in Paris hergestellt wurde, ergänzt die Metalle und die geometrischen Formen des Raums. An einer anderen Stelle wurde ein Dreifußtisch aus dem Empire mit alten Türaufsätzen verziert, die wie wertvolle Antiquitäten wirken. Daneben befindet sich ein von dem Bildhauer Alberto Giacometti entworfener Stuhl aus Metall, der mit seinem abgenutzten Leder klassisch und zeitlos zugleich wirkt. Auf diese Szenerie blickt ein Fries herab, der aus einem abgerissenen Gebäude in der Bronx stammt.

Diese Wohnung ist eine dramatische Tour de Force, die nur durch die klassizistische Linienführung gemildert wird. Sie zeigt die Fähigkeit des Designers, unter Verwendung ähnlicher Formen und Materialien offenkundig Traditionelles mit Wildem und Unkonventionellem zu verbinden.

Oben und vorhergehende Seite
Die im Schlafzimmer einander gegenüberliegenden Kreise und geraden Linien betonen sich auf entwaffnende Weise gegenseitig. Angefangen bei der Mäanderform auf dem von Kreiger entworfenen Paravent über die Kreise auf Bettgestell und Truhe bis hin zur dreifachen Symmetrie der Lampe aus Reispapier fügen sich klassische und moderne Formen dynamisch zusammen.

Rechts Dieser einem Design aus den dreißiger Jahren dieses Jahrhunderts nachempfundene Tisch hat Züge der »Neoclassic«. Die Ständer, die die Marmorauflage tragen, zeigen die klassische Mäanderform. Der Metallrumpf und die Füße des Tisches waren ursprünglich bemalt, aber Kreiger entfernte die Farben, so daß das Metall über Jahre hinweg anlief.

Rechts Ein Wappen mit einem Arm und einer Faust verziert diese antiken Regency-Stühle. Ihre eigene geometrische Linienführung harmoniert mit dem Gesamtentwurf des Raumes. Zwischen den beiden Stühlen thront eine offensichtlich klassizistische Zink-Kreuzblume aus Paris, die dort beinahe komisch wirkt.

SPIEL mit Illusionen. Als Richard Gillette diese Wohnung in einem großzügigen Gebäude der Vorkriegszeit entwarf, spürte er dem Glanz des Klassizismus nach – mit Erfolg. Er beabsichtigte, die neoklassizistische Fassade des Gebäudes sozusagen nach innen zu verlegen, und dabei verließ sich Gillette, von Hause aus nicht nur Designer, sondern auch Maler, hauptsächlich auf die Technik des Oberflächenimitats. Diese Arbeitsweise wird in der heutigen Zeit zunehmend populärer.

Schon in der Antike wurden dem Betrachter durch gemalte Illusionen bestimmte Materialien vorgegaukelt, und in der modernen Innenarchitektur verwendet man diese Technik häufig, weil sie sehr praktisch ist. Heutzutage ist der Gebrauch von Marmor und anderen Gesteinsarten, die imitiert werden können, wegen zu hoher Kosten oder Materialmangel oft schwer oder sogar unmöglich; in manchen Fällen bereitet auch ihr Eigengewicht statische Probleme. Ein aufgemaltes »faux finish« kann Kunst mit Zweckmäßigkeit kombinieren.

Der Rückgriff auf klassizistische Einflüsse löste auch ein anderes Problem Gillettes, da die luftige Offenheit der klassizistischen Bauweise das kleine Studio größer erscheinen ließ.

Die Wände bilden den Hintergrund für ein klassizistisches Interieur. Falsches Moos in den Ecken und Ritzen läßt die großartige Sandsteinimitation sogar noch überzeugender wirken – ein weiterer Vorteil, der für die Verwendung von Farbe spricht. Die ruhenden Formen des Klassizismus sorgen im Eßbereich für einen neuen – oder wiederbelebten – schlichten Glanz.

Der Leinenbezug der Polsterbänke unterstreicht die Aura des Klassischen. Die moderne Glasplatte des Tisches beeinträchtigt diese Stimmung nicht, eher erzeugt sie ein Spannungsmoment. Es gibt hier eine Fülle von Einflüssen aus den verschiedensten Perioden, aber da die Raumaufteilung klassischen Vorbildern folgt, bilden sie eine einheitliche Komposition. Die Förmlichkeit dient als verbindendes Element.

Vorhergehende Seite Bei der Herstellung der Polsterbank und der sie umgebenden Regale bearbeitete Gillette Holz mit einem Hammer und einem Hobel, um die Risse und Unregelmäßigkeiten von Stein zu imitieren. Dann bemalte er es so, daß es wie Granit aussah. Links davon steht eine echte griechische Vase auf einer Säule aus echtem Marmor, so daß es für den Betrachter schwierig wird herauszufinden, was in dem Raum echt und was eine Fälschung ist.

Links Ein Hauch von städtischer Ursprünglichkeit herrscht in diesem Wohn-Schlaf-Bereich vor. Die metallenen Stühle aus den dreißiger Jahren unseres Jahrhunderts besitzen zwar die schrägen Armlehnen des Empire, doch sind sie hier aus Ketten angefertigt. Der Dreifußtisch mit seiner Marmorplatte und den hufähnlichen Füßchen ist eine Antiquität aus dem Empire.

Oben Die Leoparden-Hocker im Eßbereich sind mit metallenen Voluten verziert, die dem Empire nachempfunden wurden.

DESIGNER Probleme. Designer müssen aus einer unüberschaubaren Menge von Möglichkeiten auswählen, was für das jeweilige Projekt am besten geeignet scheint. In diese Gleichung fließen der Raum, seine Nutzung und natürlich auch die Bedürfnisse und der Geschmack der Kunden ein. Der Designer Peter Carlson hatte das zusätzliche Problem, daß er und seine Auftraggeber völlig unterschiedliche Ansichten hatten – sie wollten Stilmöbel, und er wollte es modern.

Die Lösung war eine Gratwanderung. Carlson entrümpelte einen Raum in einem New Yorker Gebäude aus der Nachkriegszeit und entwarf eine große Eingangshalle mit Steinfußboden, die man durch Flügeltüren betritt. »Die Wohnung«, sagt er, »nahm den Charakter einer neuen Klassik an – mit schlichten Konturen und strengen Formen.« Carlson fing das Wesentliche der klassizistischen Proportionen ein, indem er die charakteristischen schweren Formen und andere kennzeichnende Details wegließ.

Links Das »Salona«-Sofa wurde von Carlson speziell für diese Wohnung entworfen. Da Carlson lange Zeit von Empire-Designs beeinflußt war, wollte er etwas aus Stahl konstruieren, außerdem sollte dieser Entwurf mit einem Fries versehen sein. In dem Sofa konnte er beides miteinander verbinden. Die Idee für die doppelte Polsterlage stammt von einem Photo der Möbel in Pauline Rothschilds Pariser Wohnung. Bei dem Tisch im Vordergrund handelt es sich ebenfalls um einen Entwurf von Carlson. Er besteht aus gehobeltem Eichenholz, wobei die gebeizten Holzpaneele durch winklige Formen und geradlinige, imitierte Elfenbeinknöpfe betont werden. Um dem, wie Carlson sagt, »geradezu uninteressanten Fenster« abzuhelfen, entwarf er Vorhänge aus satinierter Seide mit Karomuster.

Links Der vergoldete Spiegel mit seiner klassischen Form und die anmutigen Linien des Sofas verwandeln den Raum in einen Empire-Salon. Das Schimmern des Stahls wird durch den Stoff der Polster und die elegant gemusterten Kissen noch verstärkt.

Rechts Dieses Wohnzimmer stellt eine vollendete Mischung modernen und klassischen Wohnens dar. Die von Saladino entworfenen Vitrinen, die nebeneinander an der Wand stehen, sind beide in der Mitte aufklappbar. Da die äußeren Türen flach sind, werden die Säulen nur in den Spiegeln direkt hinter ihnen reflektiert.

KLASSISCHE Regeln. »Das System klassischer Regeln bildet einen guten Boden, auf dem ich mich immer gerne bewege.« So beschreibt der Designer John Saladino die Bedeutung klassischer Einflüsse auf seine Arbeit. Der Gebrauch der Klassik wirkt im doppelten Sinne durchdringend: Sie ist so tief in der Philosophie des Raumes verwurzelt, daß der Eigentümer nicht nur mit der Klassik lebt, sondern mitten in ihr.

Diese Wohnung ist römisch angelegt. Die langgestreckte Diele soll das Gefühl erwecken, als befände man sich auf einer Piazza. Die daran angrenzenden Räume stellen kleine Gebäude dar, die man betreten muß, um »ins Innere« zu gelangen. In der Diele sieht man Teile einer riesigen Säule, groben Verputz und zerschlagene Steine. Alle parallel zur Diele liegenden Räume – Wohnzimmer, Eßzimmer und Küche – vermitteln einem das Gefühl, sich in einem abgeschlossenen, luxuriös ausgestatteten Raum zu befinden.

Saladino vergleicht diesen Effekt mit einer Muschel: Die Außenseite ist rauh und hart, das Innere glatt und zart. Das Äußere ist antike Klassik in römischem Stil. Es wirkt gewaltig – ein Bauwerk, gerade und kalt wie der Stein, aus dem es errichtet wurde. Innen allerdings herrscht ein verspielter Klassizismus vor, der eine sanfte und kultivierte Atmosphäre verbreitet.

Das Wohnzimmer ist ein wahres Kleinod und trotz seiner Opulenz dennoch bequem. Da die Möbelstücke zu Sitzbereichen zusammengestellt sind, wirkt der Raum wie eine Piazza mit Gruppen von Menschen, die sich unterhalten. Damit macht der Architekt die Anwesenheit von Menschen in dem Haus spürbar. Spiegel, Säulen, weiße Akzente, kühle, metallische Farben und Holz ergeben die Mischung aus Antike und Moderne, die für die »Neoclassic« kennzeichnend ist. Wenn der Boden gut ist, entsteht zusammen mit dem, was Saladino auf ihm aufbaut, ein großartiges Ganzes, wie sich in dieser erstaunlichen Wohnung zeigt.

Links An den Wänden über der Treppe sieht man groben Putz und eine Vase. Das Geländer des romantisch gewundenen Treppenaufgangs wirkt wie eine metallene Wiedergabe der Draperien des Empire.

Unten Das Schlafzimmer auf der zweiten Etage ist mit seinen metallischen Säulen und Möbelstücken sowie den eleganten Mustern ein luxuriöses Refugium für die Bewohner.

Oben Ein Sims aus zeitgenössischen, stilisierten Säulen zieht sich um das gesamte Wohnzimmer. Das Muster des Kamins darunter ähnelt diesem sich stakkatoartig wiederholenden Design.

Rechts Die antiken Regency-Stühle und Empire-Tische im Wohnzimmer passen hervorragend zu Saladinos modernen Sitzmöbeln. Die weißen Lehnsessel sind Originale, die mit einem Schonbezug versehen wurden.

Links Dieses Eßzimmer steht eher für französische Eleganz als für üppige Pracht. Die Dekkenmalerei ist eine Vergrößerung des bereits auf den Wandbehängen abgebildeten Musters. Bei dem von Saladino entworfenen Sideboard findet man moderne Elemente ebenso wie Anleihen aus dem Klassizismus.

DESIGN in Weiß. Der Designer Michael de Santis griff bei dieser Wohnung in einem Neubau auf den klassizistischen Stil zurück und hüllte ihn ganz in Weiß. Da die Wohnung relativ klein ist, hielt de Santis es für nötig, den Raum durch eine luftige und helle Ausstattung offener zu gestalten. Weiß weckt klassizistische Assoziationen und unterstreicht darüber hinaus die Verbindung von Klassizismus und Klarheit, so daß die Wahl auf einen Entwurf fiel, der klassische formale Elemente mit zeitgenössischer Sachlichkeit verbindet und so eine Synthese schafft, die typisch für den Stil der »Neoclassic« ist.

Die geschickte Mischung aus Klassik und Moderne beginnt im Wohnraum. Hier setzt ein von de Santis entworfenes luxuriöses Sofa mit schlichter Linienführung einen modernen Akzent. Ein trompe l'œil-Gemälde und eine moderne Glasfront harmonieren in wunderbarer Weise miteinander. Im Eßbereich und im Wohnzimmer überwiegt deutlich der Klassizismus. Der Fußboden besteht aus weißem Marmor; Säulen

Links Das Wohnzimmer ist mit modernen Möbelstücken ausgestattet. Dennoch entsteht durch die symmetrische Anordnung der Lampen und der Sessel mit ihren beiden identischen, blau-weiß gestreiften Seidenkissen eine klassische Stimmung. Die klassischen Formen des Obelisken, des Tisches und auch des Stuhls tragen zum allgemeinen Erscheinungsbild bei.

Rechts Die Spiegel lassen die Wohnung größer erscheinen und tragen mit ihrer optischen Vervielfältigung zur Eleganz bei. Die Stühle im Eßzimmer sind den grundlegenden Formen des Empire nachempfunden; das zeigt sich deutlich an den sanften, kannelierten, »griechischen« hinteren Stuhlbeinen, die zu den Füßen hin zunehmend schlanker werden. Aufgrund der zeitgemäßen Verwendung von Polsterstoff werden sämtliche Holzteile bedeckt, selbst die Beine.

und hochgezogene Fußleisten verzieren die kahlen Wände im Stil des Empire. Auf dem von de Santis entworfenen glatten Tisch stehen verspielte Ananas-Skulpturen, die mit ihren traditionellen Sockeln und ihrer Doppelsymmetrie – die durch Spiegelung erzeugt wird – den klassizistischen Einfluß noch verstärken.

Ähnlich wie bei dem nachgebauten Empire-Stuhl im Wohnzimmer, dessen Verzierungen seine raffinierten Formen nicht beeinträchtigen, verhält es sich mit der gesamten Wohnung: Das zeitgenössische Element stört nie die übergeordnete klassische Linienführung, sondern verleiht dem Raum zusätzliche Faszination.

Rechts Bei der klassischen Landschaft auf der Wand des Wohnraumes handelt es sich in Wirklichkeit um ein Gemälde. Diese künstlerische *trompe l'oeil*-Arbeit erweckt den Eindruck, als befänden sich weitere Paläste in der Ferne.

ORDNUNG und Ironie. »Für die Umsetzung einer bestimmten Idee gibt es keine festen Regeln«, sagt Lee Mindel von »Shelton Mindel & Associates«. Für eine Wohnung in einem Gebäude, das Mindel beschreibt als »eine eklektische Nachahmung des 18. Jahrhunderts aus den zwanziger Jahren unseres Jahrhunderts – oder die ›My Fair Lady‹-Version des Originals«, schlug die Firma »einen modernistischen Ansatz in Form von ineinander übergehenden Räumen« vor. Was die Einrichtung betrifft, so sollte sie sich schlicht am Stil des Gebäudes orientieren.

Das Gebäude ist zum größten Teil im neoklassizistischen Stil gebaut. Mindel erklärt den Reiz klassizistischer Möbel aus ihrer architektonischen Struktur. Diese Möbel vermitteln ein Gefühl der Ordnung – und Ordnung ist das wesentliche Element dieser Wohnung, wie man schon an den Vasen erkennen kann, die einen Weg durch die Eingangshalle und das Wohnzimmer in den Arbeitsraum bilden.

Ganz links Die Streifen auf den Seidenbezügen der Stühle imitieren die Federstriche des modernen Paravents im Hintergrund. Die architektonische Wirkung der Trennwand steht für den allgemeinen Ansatz in diesem Zimmer – klassische Ordnung inmitten von ineinander übergreifenden Wohnsphären.

Links Wie dieser Blick vom Eßbereich aus veranschaulicht, bewirkt eine genau überlegte Plazierung von Vasen und anderen klassischen Objekten im ganzen Raum, daß man durch das Wohnzimmer hindurch in den Arbeitsraum geleitet wird.

Rechts Die gitterförmige Wandtäfelung im Eßbereich täuscht einen Lagerraum vor, doch wird das Design in erfrischender Weise von einem farbigen Feld in seiner Ordnung gestört. Ein weiteres für Unordnung sorgendes Element ist der Balken, der über dem Eßzimmer hängt, denn dadurch erscheint das Wohnzimmer größer, als es ist.

Ganz rechts Das gitterförmige Balkongeländer ist nicht nur die Antwort auf die Täfelung und das Parkett im Eßbereich, sondern auch auf die Fensterflächen, die das Wohnzimmer beherrschen.

Die Buchrücken im Wohnzimmer zeigen nur klassische Themen der Architektur. Von der Mitte der mit Akanthusblättern umrandeten Decke hängt stolz eine alabasterne Öllampe herab, die direkt aus Herculaneum stammen könnte. Der runde Tisch und die kleinen Beistelltische verbreiten eine klassizistische Atmosphäre, so wie auch eine Liege der Gebrüder Jacob und ein Stuhl von Thomas Hope dieser rationalen, geordneten und trotzdem warmen und wohnlichen Umgebung authentische klassizistische Züge vermitteln.

BIEDERMEIER und Moderne. Mit seinen Gebäuden, Einrichtungen und Objekten lenkt der Architekt und Designer Michael Graves die Aufmerksamkeit der Gegenwart oft auf die Bedeutung klassischer Einflüsse. Bei Inneneinrichtungen spielt für Graves der Humanismus der Klassik eine besondere Rolle. Er meint, daß die Form und die Würde klassischer Gegenstände in einem Haus mit menschlichen Dimensionen und menschlicher Identität in einer engen Verbindung stehen, wie sie von Entwürfen der Moderne niemals berücksichtigt wird.

In Keystone House, dessen Äußeres und Inneres von Graves entworfen wurde, macht man eine Reise durch das Reich des bereits Vertrauten, das durch neue Arrangements zu etwas aufregend Fremden wird. Klassische Elemente werden in modernste Entwürfe integriert. Um dem Design seinen ganz persönlichen Stempel aufzudrücken, wendet Graves sich hier dem Einfluß des Biedermeier zu, seinen hellen Hölzern und kontrastierenden dunklen Akzenten, seinen schlichten Formen und eleganten Linien.

In diesem Haus ist die Anwesenheit der Klassik überall spürbar, selbst wenn die Wirkung sehr modern ist. Die Räume sind klassisch angeordnet – das Wohnzimmer und das Eßzimmer liegen der Küche gegenüber – und dabei kommt das Zugeständnis an die Hausbewohner zum Ausdruck, daß es bequemer und praktischer ist, wenn sich ein Raum zu einem anderen Raum hin öffnet. Im Eingang zum Eßzimmer verläuft eine Zierleiste die Wände entlang; sie wird durch unterschiedliche Farben ober- und unterhalb der Leiste betont. Für Graves stellt ein solches Verfahren eine symbolische Art der Raumaufteilung dar, gerade so, wie man es in der Natur erlebt. Die Zierleiste dient dabei als Horizont innerhalb des Raums und erweckt den Eindruck, daß der Bereich darunter den Grund darstellt, während die Fläche darüber sich auf den unendlichen Raum bezieht. All das spiegelt die Proportionen und die Würde eines Menschen im Raum wider.

Andere Momente achten auf die Bedürfnisse der Menschen, die mit dem Raum und seinem Mobiliar leben. Das zeigt sich an den Eßzimmerstühlen: Ihre einfache Form wird mit Details geschmückt, die neben einem dekorativen auch einen praktischen Zweck haben; die biedermeierlichen Voluten auf der Rückenlehne dienen als Handgriffe, ein Ausschnitt am unteren Ende der Lehne sorgt für eine bequeme Sitzfläche und symbolisiert gleichzeitig den Eingang eines ägyptischen Tempels, und der Ledersessel vermittelt ein sanftes Gefühl zeitgenössischer Empfindsamkeit. Alles in allem hat Graves ein Haus entworfen, das provokativ ist in seinem modernen Ausdruck, zugleich aber beruhigend in seinen klassischen Formen und faszinierend, wenn sich beide vermischen.

Links Die Torchères in der Rotunde vor dem Wohnzimmer erwecken sofort einen Eindruck von Klassik. Sie bilden die Säulen, die den Eingang zum nächsten Raum feierlich ankündigen. Ihr geradliniger Unterbau erinnert an die Linienführung des Empire und des Biedermeier. Darüber hinaus haben sie auch noch den praktischen Zweck, das Licht auf einer dem Raum angemessenen Höhe zu verteilen.

Oben Die Idee der Säulen taucht auch in dieser eleganten, modernen Interpretation wieder auf, die den massiven Marmorkamin auf beiden Seiten flankiert. Die Sitzbänke sind ein Beispiel für Graves faszinierende Mischung biedermeierlicher und zeitgenössischer Elemente.

Links Als Graves diese Küche entwarf, hatte er die Standardeinrichtung einer deutschen Küche aus dem 19. Jahrhundert vor Augen. Aus diesen hygienisch weißen Räumen spricht in erster Linie das Prinzip der Ordnung. Die Plazierung der kleinen, schwarzen Fliesen ist typisch klassizistisch, ihre Linienführung dagegen ist modern.

Oben Michael Graves entwarf diesen Eßzimmertisch und die Stühle, die biedermeierliche Elemente elegant umsetzen. Das helle Holz des Vogelaugenahorn dunkelt im Laufe der Zeit ein wenig nach und wirkt dadurch wärmer. Die Vorliebe des Biedermeier, helle Hölzer mit schwarzen Flächen zu kontrastieren, zeigt sich hier in den Ringen um die Tischbeine, die mit ihrem klassischen Sockel stilisierte Säulen darstellen.

Oben Diesen Sessel hat Graves für »Sunar« entworfen und mit einer Lederpolsterung versehen. Ähnlich den Sitzbänken im Wohnzimmer wurden auch hier die volutenförmigen Armlehnen, die klassischen Sesselbeine und die Furnierhölzer des Biedermeier mit den luxuriösen Formen und dem Polsterstil von heute kombiniert.

PERSONENREGISTER

Kursive Zahlen verweisen auf Bildunterschriften.

SACHREGISTER

DANKSAGUNG

Wieder einmal ist Polly Apfelbaum-Allen fröhlich mit mir durch dick und dünn gegangen, um das Unmögliche möglich zu machen. Offiziell ist sie meine Assistentin – eigentlich sollte es umgekehrt sein. Danke, Polly.

Mein unendlicher Dank geht, wie immer, an die Designer, Dekorateure und Architekten, deren harte Arbeit und Talent uns unsere Themen bescheren, sowie an deren Förderer und Mäzene, die es duldeten, daß wir mit unseren Kameras in ihre Wohnungen einfielen. Und ein ganz besonderes Dankeschön an Edgar Mayhew, der uns – unter für ihn äußerst anstrengenden Umständen – erlaubte, seine Wohnung zu fotografieren.

Dank an Mick Hales, dessen sicheres Auge für Stil, Symmetrie und Licht es uns ermöglichte, dieses Buch mit einigen der schönsten Fotos zu schmücken, die jemals von neoklassizistischen Interieurs gemacht wurden; an Liz Trovato, deren Design Worte und Bilder zu einem eleganten Ganzen werden ließ; an Jill Herbers, deren Enthusiasmus und harte Arbeit zu Beginn und am Ende unserem Projekt Form und Leben verliehen, und an Cornelia Guest, Susan Dwyer, Mary Forsell und unzählige andere, deren Können und Ratschläge unschätzbar wertvoll waren. Ein Dankeschön auch an Giles Forman und den Mitarbeiterstab von Giles & Lewis. Und an Marta Hallett, Ellen Milionis, Sarah Kirshner und an jeden bei Running Heads – wirklich vielen Dank.

WEITERE WOHNBÜCHER

Min Hogg/Wendy Harrop
Interieurs
Exklusive Einrichtungsideen
256 Seiten, ca. 300 farb. Abb., im Schuber
ISBN 3-570-03545-X

Gesellschafts- und Berufswelt sind – moderne Zeiten hin, Nonkonformismus her – nach wie vor festgelegten Normen unterworfen. Wahre Individualität läßt sich am besten innerhalb der eigenen vier Wände ausdrücken. Doch jede Neigung benötigt Anregung und Führung. Genau dafür ist dieses sensationell schöne Buch gemacht:
Acht professionelle und private Designer – unter ihnen Terence Conran, Doris Saatchi und der Earl of Pembroke – stellen darin ihren persönlichen Stil vor. Knappe, einfühlsame Texte und atemberaubende Bildsequenzen führen den Leser und Betrachter durch immer neue Wohnwelten. Ein Buch, das durch seine Exklusivität gleichermaßen fasziniert und inspiriert.

Alastair Hull/Nicholas Barnard/James Merrell
Wohnen mit Kelims
192 Seiten, ca. 180 farb. Abb., im Schuber
ISBN 3-570-04923-X

Schöne Kelims (Wortbedeutung: flachgewebter Teppich) stammen vorwiegend aus der Türkei mit Schwerpunkt Anatolien, dem Kaukasus, Afghanistan und dem Iran. Seit sie von Sammlern und Händlern »entdeckt« wurden, gehört ihr Image als »arme Verwandte« der geknüpften Orientteppiche der Vergangenheit an.
Wer mehr wissen will über Kelims, ihre Herkunft, ihre Herstellung, wie man sie erkennt und natürlich wie man mit ihnen einrichtet, für den ist dieses informative und zugleich sehr praxisorientierte Buch genau das richtige.
Ein faszinierendes, opulent bebildertes Teppichbuch für jeden, er seine vier (oder auch mehr) eigenen Wände mit einem Stück Orient verschönern will.

Terence Conran
Neue Wohnideen
368 Seiten, 760 Farbfotos, 200 Zeichnungen, im Schuber
ISBN 3-570-02113-0

Ein schöner Traum: die eigene Wohnung, das Haus von einem Top-Designer ausstatten zu lassen. Doch über ein gelungenes Ambiente, in dem man sich auch jahrelang wohlfühlt, entscheiden nicht in erster Linie Geldbeutel und exklusive Avantgarde-Ideen oder der vielzitierte »gute Geschmack«. Viel wichtiger sind Mut zum persönlichen Stil und Hilfen, ihn zu finden. Terence Conran, einer der bedeutendsten Designer der Welt, berät mit enormer Erfahrung und ausgeprägtem Stilgefühl in Sachen Neu-, Um- und Ausbau, Renovierung oder auch nur beim Tapezieren. Aber nicht der Conran-Stil soll Haus und Wohnung dominieren, sondern Phantasie und Persönlichkeit ihrer Bewohner. Denn erst die individuelle Gestaltung macht die exklusive Designer-Idee zum erlebten Wohnvergnügen.

Tricia Guild
Design und Dekor
Außergewöhnliche Ideen
für individuelles Wohnen
160 Seiten, ca. 300 farb. Abb., im Schuber
ISBN 3-570-08274-1

Der neue Trend ist inspiriert durch die Natur: Ob es sich um grundsätzliche Farbharmonien oder verspielte Details wie Stoff- und Teppichmuster oder Kissen handelt, immer stehen klare, leuchtende Farben und organische Muster im Vordergrund, für die Landschaften, Pflanzen, Blüten und Früchte Pate standen.
Faszinierende ganz- oder doppelseitige Farbfotos, übersichtliche Farbzeichnungen und nicht zuletzt der persönliche Stil der Autorin machen dieses außergewöhnliche Buch gleichzeitig zu einem handfesten Wohnratgeber.

AUS DEM MOSAIK VERLAG

Jocasta Innes/Jill Blake
Einrichtungsideen
Renovieren – Dekorieren – Stilvoller Wohnen
192 Seiten, 140 Farbfotos
und 415 zweifarbige Zeichnungen
ISBN 3-570-02848-8

Mosaik Wohnbücher vermitteln nicht nur modernes Design- und Stilgefühl, sondern auch die Kunst, dieses Wissen praktisch umzusetzen. Sehr viel mehr als bei den anderen Titeln steht in diesem Buch aber das handwerkliche Detail im Vordergrund. Vor allem junge Leute werden hier unkonventionelle Renovierungs- und Dekorationsvorschläge finden, die von der Idee bis hin zur Ausführung präzise und inspirierend beschrieben werden. 140 Farbfotos und 415 farbige Zeichnungen lassen keine praktische Frage offen.
Ein kompletter Lehrgang für geschmackvolle Wohngestaltung im Do-it-yourself-Verfahren.

Susan S. Szenasy
Neues Wohnen
Moderne Ideen für Einrichtung
und Hausdesign
256 Seiten, 487 farb. Abb.
ISBN 3-570-04636-2

Die klassische Einteilung in Schlafzimmer, Wohnzimmer, Kinderzimmer funktioniert schon lange nicht mehr. Unser veränderter Lebens- und Arbeitsstil sowie ständig steigende Mieten haben längst neue Raumaufteilungen erforderlich gemacht. Bisher fehlten jedoch gültige, wirklich durchdachte Beispiele und Anregungen, die über Trends und flüchtige Modeerscheinungen hinausgingen.
Wie man vorhandenen Wohnraum den individuellen Bedürfnissen anpaßt, wird in diesem Buch erschöpfend beantwortet. Die Autorin – eine weltweit renommierte Fachfrau – behandelt in zwölf Kapiteln die wesentlichen Funktionen der verschiedenen Wohnräume und macht Vorschläge, wie die funktionellen Erfordernisse mit dem Wunsch nach modernem, behaglichem Design verbunden werden können.

Terence Conran
Effekte mit Stoff
Textile Wohnideen
224 Seiten, 158 Farbfotos, 331 Zeichnungen
ISBN 3-570-08096-X

Stoffe machen Mode und bieten unzählige Möglichkeiten zur Wohngestaltung. Ob mit schwerem Tuch, zarter Baumwolle, überzogen, drapiert, genäht oder genagelt: Dieses Buch führt eine Fülle von Ideen vor und zeigt im Detail, wie man's macht.

Caroline Clifton Mogg/Piers Feetham
Raumgestaltung mit Bildern
Auswählen – Rahmen – Arrangieren
168 Seiten, ca. 260 farb. und s/w-Abb.
ISBN 3-570-03542-5

Bilder sind die Visitenkarten jeder Wohnung: Nicht nur ihre Sujets, vor allem auch die Art und Weise ihrer Präsentation tragen erheblich zur Wohnatmosphäre und -harmonie bei. Dieses Gestaltungsbuch zeigt, welche Bilder man wie rahmt und in welcher Umgebung sie am besten wirken.
Es geht jedoch nicht nur um die künstlerischen Möglichkeiten, die mit unzähligen praktischen Beispielen in brillanten Fotos belegt sind, sondern auch um Materialien und Gestaltungsregeln, die zu beachten sind. Ein sensibel-schönes Bilder-Bilderbuch, das zugleich praktischer Wohnratgeber ist.

Erhältlich überall dort, wo es Bücher gibt.

Mosaik
Die M neuen Seiten des Lebens